KB264811

모퉁이돌 세미나 자료 1

김정일 이후의 북한선교

모퉁이돌선교회 편

 모든 인간은 하나님의 형상을 닮은 존엄한 존재입니다. 전 세계의 모든 사람들은 인종, 민족, 피부색, 문화, 언어에 관계없이 존귀합니다. 예영커뮤니케이션은 이러한 정신에 근거해 모든 인간이 존귀한 삶을 사는데 필요한 지식과 문화를 예수 그리스도의 사랑으로 보급함으로써 우리가 속한 사회에 기여하고자 합니다.

모퉁이돌 세미나 자료 1

김정일 이후의 북한선교

엮은이 · 모퉁이돌선교회 ‖ 펴낸이 · 김승태
초판 1쇄 찍은 날 · 2008년 1월 15일 ‖ 초판 1쇄 펴낸 날 · 2008년 1월 22일
편집 · 김지인, 이덕희, 방현주 ‖ 본문편집디자인 · 김지인, 이훈혜
표지 디자인 · 박한나
영업 · 변미영, 장완철 ‖ 물류 · 조용환, 엄인휘

등록번호 · 제2-1349호(1992. 3. 31) ‖ 펴낸 곳 · 예영커뮤니케이션
주소 · (110-616) 서울시 성북구 성북1동 179-56 ‖ 홈페이지 www.jeyoung.com
출판사업부 · T. (02)766-8931, F. (02)766-8934 e-mail: edit1@jeyoung.com
출판유통사업부 · T. (02)766-7912 F.(02)766-8934 e-mail: sales@jeyoung.com

copyright ⓒ 2008, 모퉁이돌선교회

ISBN 978-89-8350-466-1(03230)

값 7,000원

♣ 잘못 만들어진 책은 교환하여 드립니다.
♣ 본 저작물은 저작권법에 의하여 한국 내에서 보호를 받는 저작물이므로 무단 전제와 무단 복제를 금합니다.

모퉁이돌 세미나 자료 1

김정일 이후의 북한선교

김정일 시대와 김정일 이후의 북한 종교정책의 변화와 선교 전망

모퉁이돌선교회 편

차례

Contents

제2주제 북한종교정책 변화전망과 김정일 이후의 선교

차례

서문

그동안 '평양에서 예루살렘까지'라는 선교목표를 가지고 22년째 북한을 비롯한 중국, 중앙아시아, 중동, 예루살렘 등지에서 선교를 해 왔습니다. 이와 함께 본 선교회는 시시각각으로 변해가는 한반도와 주변상황들에 대한 정확한 자료를 수집하고 분석함으로써 복음화전략을 연구하고 기도의 방향을 제시해 왔습니다. 또한 이런 결실을 한국사회에 확산시키기 위해 〈정세와 선교〉이나 〈카타콤〉 소식지 등을 발간하고 있습니다.

같은 맥락에서 모퉁이돌선교회는 우리와 뜻을 같이하는 여러분들을 모시고 허심탄회하게 북한과 주변국선교를 위해 함께 고민하고 의견을 교환하기 위한 토론의 장으로 세미나를 개최해 왔습니다. 그동안 본 선교회는 '러브 NK', '난민 발생과 복음화 전략' 등 2회에 걸친 난민세미나, 2004년에는 '김정일 시대 북한선교'라는 주제로 전문가들의 발표 및 지정토론과 함께 참석자 전원의 열띤 토론을 갖기도 했습니다.

이번 세미나 주제는 김정일 이후의 북한선교입니다. 김일성이 사망한지 13년이 지났고, 김정일이 공식적으로 정권을 잡은 지도 거의 10년이 되어 가고 있습니다. 이제 우리는 또다시 김정일 이후의 북한선교를 걱정하지 않을 수 없습니다. 최근 북한의 권력 핵심실세들이 줄줄이 죽어 가고 있고 김정일 위원장도 신장과 간이 나쁘고 심한 신부전증에다 고혈압 때문에 5년 이상을 견디지 못할 것이라는 주장이 나와 주목되고 있습니다. 김 위원장의 건강에 이상이 없다 하더라도 대내외적인 요인에 의해서 현 체제가 오래 못갈 것이라는 예측기사를 어렵지 않게 접할 수 있습니다.

우리의 관심은 김정일 사후 북한의 선교환경이 어떻게 변할 것인가 하는 것입니다. 그 변화된 환경에 맞춰 우리의 선교전략을 어느 방향에서 정할 것인가에 대해 전문가들의 의견을 듣고, 의논하며 또 정리하고자 이 자리에 모였습니다.

우리는 선교역사의 전환점에 살고 있습니다. 김일성 사망 이후 북한 주민들의 허전하고 공허한 마음을 채워 줄 복음이 필요합니다. 주저할 시간이 없습니다. 이 세미나를 통해서 하나님의 역사가 강하게 임재하시는 기적이 나타나기를 원합니다.

이 세미나를 위하여 발제를 해 주시고 또 토론에 참석해 주신 여러분께 다시 한 번 감사를 드립니다. 아울러 하나님의 크신 사랑과 은총이 여러분께 함께 하시기를 기원합니다.

2007년 3월 17일
유석렬 교수(모퉁이돌선교회 이사장)

제1부
김정일 시대의 북한과
김정일 이후의 북한

주제발표

유호열(고려대 북한학과 교수)

지정토론

김병로(서울대 통일연구소 연구교수)

이교덕(통일연구원 연구위원)

최 강(외교안보연구원 교수)

발제 및 토론자 소개

유호열

1991년 Ohio주립대학에서 정치학 박사학위를 받았고, 통일연구원 실장을 거쳐 1999년부터 고대 북한학과 교수로 재직하고 있다. 저서로는 『현대북한 체제론』을 비롯해서 다수가 있다.

김병로

1991년 미국 뉴저지 Rutgers 주립대에서 정치학 박사학위를 취득하고 통일연구원, 아세아연합신학대학교를 거쳐 2006년 8월부터 서울대 통일연구소 연구교수로 재직하고 있다.

이교덕

1992년 고려대 정치외교학과에서 박사학위를 받았고, 1993년부터 통일연구원에서 재직하고 있다.

최강

1991년 Ohio 주립대학에서 박사학위를 받았고, 한국국방연구원을 거쳐 2005년부터 외교안보연구원에 재직하고 있다.

김정일 시대의 북한과
김정일 이후의 북한

I. 주제 발표

유호열 (고려대 북한학과 교수)

2007년 북한은 김일성 탄생 95주년, 김정일 65세 생일을 기념하고 있다. 정권 수립 60주년을 앞둔 북한이지만 이제껏 단 2명의 지도자만이 대를 이어 통치해 오고 있다. 지난 90년대 사회주의권의 연쇄 붕괴과정에서 북한의 장래에 대한 관심이 증대했었고, 핵문제와 식량난 등 위급 상황이 발생했을 때에도 북한 체제의 붕괴 가능성에 대해 국내는 물론 해외 각국의 관심이 증폭되곤 하였다.

현재 65세인 김정일이 생존하는 동안 북한 체제가 현 상태를 그대로 유지할 지, 아니면 김정일 자신이 일대 결단을 내려 북한 체제를 근본적으로 개혁할 지 아직은 알 수 없다. 김정일 정권이 그럭저럭 안정적으로 지속되다가 미래의 어느 시점에서 내외 환경이 급변함에 따라 갑자기 붕괴할 수도 있고, 비록 단기적인 난관은 극복하더라도 장기적으로 서서히 와해될 수도 있다. 이같이 북한의 장래에 대한 다양한 시각과 전망의 중심에 김정일이 있다. 김정일이 살아 있는 한 북한 체제의 근본적인 변화는 불가능하다는 시각에서부터 김정일이 살아 있는 동안 정책 변화를 서둘러야 한다는 시각까지 극과 극이다. 김정일을 둘러싼 권력 투쟁이 북한 체제를 변화시킬 동력으로 간주하는 시각부터 김정일 사후 후계 체제의 성격 여부에 촉각을 곤두세우는 시각까지 김정일은 북한 체제 변화 논란의 핵심 요인으로 자리 잡고 있다.

지난 60년 동안 분단된 북한은 김일성, 김정일 부자가 통치하는 독재체제를 유지하고 있다. 처음에는 마르크스 이념에 따라 공산사회를 건설하려다 김일성의 주체사상을 중심으로 수령독재체제로 전환하였다. 장남인 김정일은 주체사상과 함께 김일성의 항일빨치산 전통을 북한역사의 정통성으로 확립하면서 1980년 6차 당대회를 계기로 후계자로서의 지위를 굳힌 후 1994년 7월 김일성 주석의 사망 이후 북한을 통치하고 있다.

반세기 동안 북한은 중앙집권적 계획경제를 근간으로 군사 부문에 과도한 자원을 배분하는 사회주의 경제체제를 유지하였다. 4대 군사노선을 추진한 이래 과도한 재래식 군사력을 보유했을 뿐만 아니라 핵무기와 미사일 등 대량 살상 무기를 개발하는 위험한 군사국가, 병영국가였다. 소련과 중국과 군사동맹을 체결하고 공산권과의 배타적 외교관계에 의존하는 폐쇄체제였다. 인민들은 출신 배경 등을 기준으로 철저히 구분되고 그에 따른 사회적 차별이 일반화되었다. 탈북자들이 증가하고 개인의 자유는 극도로 통제되고 억압되었으며 인권에 관한 한 세계 최하위 국가로 분류되었다.

북한의 만성적인 경제난은 지난 2002년 시장기능을 일부 허용하면서 경제의 활성화를 꾀하였으나 공급이 절대 부족한 상황에서 악성 인플레의 발생으로 오히려 사회주의 북한에서 빈부의 격차만 심화되는 상황이다. 더구나 탈북자의 대량 발생으로 체제 충성도가 약화되고 외부로부터의 정보와 새로운 사고의 유입은 북한 내부, 일반 주민들은 물론 가장 믿을 만한 핵심 엘리트 계층에서조차 체제 정당성에 대한 의구심이 증폭되는 등 체제 이완의 조짐마저 나타나고 있다.

분단 이후 수십 년 동안 한반도는 남북한의 군사 정치적 첨예한 대립으로 점철되어 왔다. 비록 2000년 6월 남북정상회담 이후 남북 관계는 새로운 국면에 접어들었으나 북한 체제의 근본적 변화가 이루어지지 않고 있어 진정한 의미의 남북화해나 교류 협력은 이루어지지 않고 있다. 개성공단과 금강산관광 사업 등 일부 시범적 단위의 경제교류 협력과 대북 쌀, 비료 지원 등 일방적 지원 사업을 제외하고는 진정한 의미에서의 남북 관계의 개선은 실현되지 못하고 있다.

분단 60주년은 북한과 남북 관계의 역사에서 한 시대가 종식되었음을 의미하는 동시에 새로운 변화의 시작이다. 북한 변화의 원인은 대내적 요인도 있고 대외적 요인도 있다. 그러나 북한의 향후 정책 변화를 가늠할 주요 지표로서 김정일의 존재 여부를 상정할 때 김정일 이후의 북한이 어떠한 모습으로 나타날 것인지 예상해 보는 것은 나름대로 의미가 있을 것이다. 김정일 이후 북한사회 변화의 양상과 추이를 전망하는 것은 북한사회에 대한 우리의 인식을 제고할 뿐만 아니라 효과적인 대응전략을 수립하고 나아가 통일을 준비한다는 측면에서 의미 있는 작업이다.

1. 북한 체제의 특수성

지난 80년대 말부터 전개되기 시작한 구소련, 동유럽, 중국, 베트남 등 당시 사회주의 체제의 변화 과정들을 볼 때 북한은 아직까지 사회주의 체제의 골격을 유지하고 있다. 대부분의 사회주의 국가들에서 의미 있는 체제 변화가 일어나던 시기 북한도 경제난의 가중, 대외관계의 급격한 축소, 주민들의 이탈 등 대내외적 갈등이 증폭되는 양상을 보였다.

그러나 소련의 점령과 지원 하에 정권을 수립한 북한은 동유럽에서와 같은 소련에 의한 일방적 이식에 의한 것이 아니었다. 김일성 정권은 부르주아 계급이 남쪽으로 월남한 북한 지역에서 일본 식민지 체제를 청산하는 세력으로 정권을 장악함으로써 인민들의 지지를 획득하여 중국이나 베트남에서와 유사한 자생적 기반을 어느 정도 구축하였다. 동유럽 지역에서 반소운동이 전개되고 소련 내에서도 스탈린주의에 대한 비판과 수정주의가 대두될 때 북한에서는 이와 같은 외부사조의 유입을 차단하고 김일성의 주체사상으로 체제 이데올로기를 더욱 강화해 왔다. 특히 북한정권은 분단과 한국전쟁을 통해 미국과 남한을 비롯한 서방 자본주의국가들에 대한 적개심과 대항의식이 고조된 상태에서 주체사상을 제창함으로써 지배 엘리트와 인민들 사이에서 정당성을 확보하고자 하였다. 더욱이 이데올로기를 창출하고 전파하는 로동당의 막대한 조직과 광범위한 영향력으로 체제 이데올로기인 주체사상은 지배 엘리트와 인민들 속에 침투하여 체제 유지와 강화에 기여하였다.

특히 사회주의권의 붕괴 이후 북한은 이데올로기의 변질과 신심의 이반이 결정적인 붕괴요인으로 파악하고 사상의 순결성 고수에 역점을 두고 있다. 즉 사회주의권의 연쇄적인 몰락을 목격하면서 김정일은 "여러 나라에서 사회주의 집권당과 사회주의 제도가 붕괴된 력사적 교훈은 사회주의 위업을 끝까지 완성하자면 사회주의 사상의 순결성을 확고히 고수하여야 한다는 점이다"라고 주장하면서 사상체계의 순수성 고수를 역설한 바 있다. 특히 김일성 사후 김정일은 본인 명의의 논문을 수차례 발표하면서 체제 통합과 사상교양을 강조하였다.

북한에 대한 소련의 영향력은 한국전쟁에서의 소극적인 지원과 1956년도 소련파의 숙청 그리고 이어 중·소관계의 악화에 따른 북한의 등거리외교 시행 등으로 인해 동유럽에 비해 상당히 제한적이었다. 경제부문에 있어 소련은 1990년대 초까지 북한의 최대 무역상대국으로서 석유를 비롯한 원자재의 최대 공급 국가였다. 그러나 소련 내부의 변화에 따라 북한에 대한 지원을 지속할 수 없게 된 상황에서 북한 경제에는 적지 않은 손실을 주었지만 일찍부터 자급자족 경제기반을 구축한 북한에 대해서는 결정적인 영향력으로는 활용될 수 없는 상황이었다. 더구나 소련과 한국의 수교는 북한의 대소 적대감만을 증폭시키는 결과를 초래해 동유럽 사례에서 보듯이 소련의 개혁·개방의 압력이 북한에는 적용되지 않았다. 이러한 외부의 영향이나 압력은 중국에 대해서도 대동소이하며 정치, 경제적으로 긴밀한 관계를 유지하고 있는 중국도 북한 변화에 대한 영향력은 일정한 한계가 있다. 그럼에도 불구하고 북한은 「조-러 우호협력 및 상호원조에 관한 조약」 폐기에 대신하여 러시아와 보다 우호적인 수준의 새로운 조약을 체결하고 중국과의 관계에서도 당과 군을 중심으로 우호협력관계를 더욱 강화함으로써 냉전 이후 시대의 변화된 국제정세 하에서 이들 국가들과의 관계를 유지 발전시키고자 노력을 경주하였다.

북한은 동유럽 국가들에서 보듯이 시민사회가 형성되지 못하였다. 부르주아 계급, 종교인, 지주 등 사회주의 체제에 반발하는 인사들은 분단과 한국전쟁 기간 동안 대부분 남한으로 월남하였으며 이들의 토대는 북한에서 철저하게 분쇄되었다. 대내외적 정보는 철저히 차단되고 공개적인 정보의 교류는 사실상 불가능하며 인적 교류도 철저한 통제 하에서만 가능할 뿐이다. 사회주의 체제가 성립되기 이전 사회는 봉건사회나 식민지 통치사회여서 인민들의 의식은 절대군주에 복종하는 신하의 위치에 머물러 있는 상태이다. 따라서 북한사회는 시민사회와는 거리가 먼 신민(臣民)사회를 유지하고 있다.

이러한 북한도 사회주의권 붕괴를 전후하여 외부정보의 유입과 경제난과 계급차별 정책에 대한 주민들의 불만 증대, 그리고 관료와 인민들의 일탈행위 등으로 사회기강이 이완되는 등 사회변화 양상이 나타났다. 북한은 인민들의 불만을 해소하고 사회적 일탈행위를 방지하기 위하여 새로운 사회통합 지침을 마련하여 일탈행위를 단속하고 사회통제를 강화하고자 하였다. 일례로 1992년에서 1993년에 걸쳐 '비사회주의 그루빠'를 통해 암거래, 범죄, 매춘 등 각종 사회비리를 대대적으로 단속하였으며 김정일의 각종 논문 학습을 통해 사상교양을 강화하였다. 동시에 북한은 정치지도자가 계급출신별 차별 없이 인민을 믿음과 사랑으로 포용한다는 김정일의 '인덕정치'를 새로운 사회통합의 정치구호로 제시하였다. 인민들은 그들이 비록 복잡군중에 속하더라도 사상교양에 의해 개조될 수 있으며 모든 인민들은 그들의 사상과 행동양식에 따라 평가되어야 한다는 새로운 통합 방식이었다.

북한사회의 또 다른 특징은 김일성이 이끄는 소수 항일 빨치산들이 주축이 되어 정권을 창출하였다는 점이다. 출발부터 무력에 의한 강력한 통치기반을 구축한 북한은 한국전쟁과 분단, 남한과의 군사적 대치상태, 중·소로부터의 자주노선 채택 등으로 자체 강력한 무력을 육성하고 유지하였다. 국가 자체가 군에 의해 유지되는 동시에 군은 수령에 의해 철저히 통제되고 있으며 기타 유사 군사기구 역시 지도자에 의해 일사불란하게 통제되고 있는 상황에서 군은 정권을 유지하는 가장 강력한 기구로 기능하고 있다.

특히 김정일은 군 최고사령관으로서 김일성 사후 각급 군부대를 집중적으로 방문하며 현지지도를 실시하고 군의 각종 행사에도 가장 많이 참석하였다. 지난 1995년 10월 8일 김정일은 김일성 사후 최초로 대대적인 군부 인사를 단행하였는데 이를 통해 김정일은 군부 원로들의 서열을 상위조절하고 인사권에 대한 확고한 통제력을 과시하였다. 또한 당 창건 기념일 등 주요 행사에서 대규모의 군사 퍼레이드를 벌임으로써 막강한 무력을 과시하고 이를 통해 흐트러진 민심을 수습하는 동시에 정권 유지의 핵심인 군의 지지를 확보하고자 하였다. 김정일은 나아가 당내 군사 조직, 국가안전보위부, 사회 안전성 등 유사 군기관에 대한 장악을 통해 지배 엘리트와 인민들을 효율적으로 관리 통제하고 있어 체제 위기 시 군은 가장 강력한 버팀목으로서 기능하고 있다.

소련을 비롯한 대다수의' 사회주의 체제 국가들은 지도자의 사망이나 교체로 인한 파벌 형성이나 노선 갈등을 경험하였다. 이에 비해 북한은 국가건설 이후 김일성 1인의 철저한 권력체제 구축으로 지도력에 대한 반발이나 지도 노선에 대한 갈등이 없었다. 1956년 8월의 종파사건과 1972년 사회주의 헌법의 개정 등을 통해 철저한 일인지배 체제를 시행해 온 북한에서 지배 엘리트들은 지도자를 중심으로 철저하게 통제되어 왔다. 지도자의 교체로 인한 변화 가능성을 염두에 둔 북한은 이미 김일성이 사망하기 20년 전부터 김정일을 후계자로 선정하여 권력승계를 준비해 왔으므로 김일성의 갑작스런 사망에도 불구하고 김정일로의 안정된 권력이양을 완료할 수 있었다. 부자세습이라는 권력이양방식을 택한 북한은 전임자에 대한 비판과 노선수정으로 변화를 추진했던 여타 사회주의권 국가들과 달리 김일성의 정책과 노선의 변화 없이 기존의 사회주의 체제를 유지하고 있는 것이다.

북한 체제의 부문별 현황을 구 사회주의권 국가들과 사회주의적 관점에서 비교해 볼 때 경제난과 권력구조의 불안정성, 잠재적인 인민들의 불만과 부분적인 일탈행위, 사회주의권의 붕괴 등으로 북한의 상황이 과거 사회주의권 국가들처럼 위기에 처했던 것은 사실이다. 그러나 북한은 부분적인 경제개방을 통해 경제난을 해소하고 대외관계를 다변화하고 군부를 통한 김정일 선군정치체제를 공고함으로써 여타 사회주의권 국가들처럼 급진적인 체제전환이나 광범위한 변화는 사회주의권 대변혁 이후 십 수 년이 경과한 2007년 초반 현재 일어나지 않고 있다.

2. 김정일의 선군정치

북한사회는 유례가 없이 철저한 1인 독재체제이며 권력승계 방식도 과거 어떤 사회주의국가에서도 볼 수 없던 부자세습체제이다. 공산주의 국가들의 변화과정을 역사적으로 비교 연구할 때 체제 변화의 핵심 동인 중의 하나는 최고 지도자의 교체와 최고 지도자 교체에 따른 정책의 변화였다. 체제의 문제점을 교정하고 정당성을 확보하기 위해서 후임자는 전임자를 비판하고 그 과정에서 자연스런 체제 변화, 체제 이완을 경험하고 1990년을 전후하여 사회주의 대변혁으로 대부분의 사회주의 체제는 붕괴되었다. 그러나 북한은 일찍부터 김정일이 후계자로서 권력을 승계함으로써 김일성 주석이 사망한 이후에도 근본적인 체제 변화 없이 순

조롭게 권력이양을 완료하였다.

김정일 위원장은 김일성 사망 이후의 과도기적 상황을 선군정치를 통해 극복하는 한편 1998년 헌법 개정을 통해 강성대국을 목표로 한 선군정치를 새로운 통치구조로 정착시켰다. 선군정치는 북한의 전통적인 수령제와 당국가체제의 근간을 바꾸는 정치 형태로 볼 수는 없으나 군을 중심으로 또는 군을 전면에 내세우는 방식으로 그 자체를 새로운 형태의 통치 방식이라고 할 수 있다. 선군정치와 관련하여 당과 군의 위상을 중심으로 다양한 분석이 제기되기도 하였으나 지난 10년간 김정일 시대의 정치 전개과정을 살펴볼 때 당과 군, 그리고 내각이 김정일의 절대 권력 하에서 각자 자신의 역할을 분담하여 처리하고 있다고 보는 것이 타당할 것이다.

지난 10년간 선군정치는 북한 대내외적 위기에 대응하여 김정일 체제를 수호하고 변화에 수반하는 갈등과 동요로부터 정치적 안정을 유지하는데 효과적인 장치로 작동하였다. 군부는 조직성과 헌신성, 일사불란한 명령 계통을 통해 산적한 난제들을 어느 기관보다 효율적으로 해결함으로써 군의 위상을 높이고 타 부문의 모범이 되었다. 반면 군에 대한 자원의 집중과 정책 선택의 우위를 점함으로써 체제의 경직성과 일원화에 따른 정책적 비효율도 동시에 불가피한 선군정치의 결과이다. 이러한 경직된 조직체계는 각종 정책결정과정에서 비탄력적으로 작용함으로써 신속한 대응을 요하는 변화의 시대에 능동적으로 적응하지 못하고 있는 문제점도 야기하였다.

김일성 사후 김정일 정권은 선군정치를 전면에 내세우면서 정권수립 이후 최대의 정치적 시련기를 안정적으로 극복하였다. 선군정치의 핵심은 기존의 당을 중심으로 이루어지는 당 국가체제를 국방위원회를 정권의 최상위 기구로 격상하여 군을 중시하는 군사국가체제로 개편하는 것이었다. 수령유일지배체제하의 독재체제를 지탱하는 당과 군의 병렬적 구조에서 군이 앞서고 당이 이를 뒷받침하는 체제로 구조 조정을 함으로써 이념과 관료조직에 의한 통제에서 무력과 일사불란한 명령체제하에서 효율적으로 국가를 통제하는 방식으로 전환된 것이다.

일각에서는 당국가체제의 근간은 유지하되 임시방편식 과도기적 위기관리형태로서의 군 중시체제로도 예상하였으나 이 같은 선군정치는 이미 10년이 넘게 유지되어 왔으며 선군정치는 북한의 김정일 정권의 통치방식으로 정착되었다고 보는 것이 타당할 것이다.[1] 선군정치하에서도 당이 정책결정과정에서 배제되거나 현실적으로 그 역할이 무력화되었다고는 할 수 없지만 북한이 당면한 과제의 성격이나 김정일의 통치방식으로 볼 때 향후에도 김정일 생존 시에는 군을 중심으로 한 선군정치는 지속될 것으로 보인다.

김정일이 군을 중시하는 선군정치를 자신의 통치방식으로 설정한 이유는 첫째, 1980년대 말 대부분의 사회주의권 국가들이 연쇄적으로 붕괴한 충격 때문이다. 더구나 같은 분단국가였던 동독이 급작스레 서독에 흡수 통일되는 과정에서 군의 역할의 중요성을 새삼 절감하기도 하였다. 동유럽 국가들은 물론 공산권에서

---

1) 정영태, "김정일 정권 하 정치군사체제 특성과 변화전망," 『김정일 정권 10년: 변화와 전망』 (서울: 통일연구원, 2004).

가장 선진화되고 경제적으로 넉넉하던 동독이 무너지게 된 결정적인 이유가 구소련의 군사력에만 의존하였던 배경에 주목한 것이다. 당시 바르샤바조약기구로 결속되었던 동구 사회주의 국가들은 고르바초프의 신사고정책에 따라 소련이 이들 국가들에 대한 무력간섭을 포기하자 바로 붕괴되었다. 결국 자체 무력이 취약한 공산주의 국가들은 내부의 혼란과 민주화의 확산을 공산당 자체 힘만으로써는 감당할 수 없다는 것이 증명된 셈이었다. 김정일은 당시의 충격을 자신 명의로 발표한 일련의 논문들에서 수차 강조하였으며 결국 군대를 통한 체제 안보가 당에 의한 이념적 통제보다 훨씬 현실적이란 점을 굳게 인식하게 되었다.

둘째, 수십 년 김일성의 일인독재체제하에서 유지되던 북한에서 그 체제의 근간인 당 역시 관료화되고 노쇠하였다. 이미 1996년 김정일은 당의 노쇠화를 질타하고 군의 노고를 극찬했었다. 북한에서도 관료화의 병폐를 타파하기 위한 사상적 정책적 캠페인을 벌이긴 했으나 전일체적으로 유지되어 온 당 중심의 구조를 스스로 타파하기에는 역부족이었다. 김정일로서는 당의 무능과 관료화를 전면적으로 개선하기보다는 당의 역할을 대체하는 세력으로서 군대조직에 기대를 걸게 되었다. 군을 중심으로 정치를 전개하면서 군의 작풍을 노쇠한 당에까지 파급시킴으로써 당의 체질 개선을 도모하기 위해서도 선군정치는 유용한 정치 방식인 것이다.

셋째, 선군정치의 결과이자 원인이 될 수도 있는 북한의 핵개발 계획은 김정일 정권이 가장 믿을 만한 체제 안전판이자 향후 외부로부터의 막대한 지원을 유도할 수 있는 확실한 거래선이었다. 핵실험을 성사시킨 북한이 핵무기를 완전 폐기하기까지는 상당한 시일이 소요될 것이며 그 과정에서 예상치 못한 돌출변수들도 다수 발생할 것이다. 자칫 걷잡을 수 없을 정도로 큰 파국도 예상되는 중대한 사안으로 북한으로서는 국가적 총력을 집중해야 하는 일이다. 군사적 위협과 군사적 대결을 전제로 한 핵문제를 끝까지 밀고 갈 수 있는 세력은 군밖에는 없는 상황에서 선군정치는 핵문제와 끝까지 궤를 같이할 수밖에 없을 것이다.

김정일은 자신의 왕성한 대외활동의 상당 부분을 군부대 시찰이나 군 관련 행사에 할애하였다. 비상시국에서 선군정치의 핵심인 군 관련 현지지도를 강화하는 것은 당연한 일이나 그만큼 김정일로서는 군을 의지하고 신뢰한다는 표현일 수도 있다. 빈번한 군부대 방문이 군의 충성심이 의심되거나 직접 통제를 목적으로 한다는 것은 설득력이 부족하다. 김정일 시대의 가장 믿을 만하고 가장 선호하는 집단으로서 군에 대한 격려와 관심의 표현이라고 봐야 할 것이다. 2007년 공동사설에서도 2006년의 성공 비결을 선군정치라고 강조했듯이 2007년에도 김정일이 창출했다는 선군정치를 지속적으로 추진해 나갈 것이다.[2]

3. 사상통제와 실리사회주의

김정일이 지난 10여 년 동안 선군정치를 시행해오면서 단순히 무력에 의한 통제, 군 중심의 정치질서만을 강조한 것은 아니다.

---

2) 통일연구원, 『2007년 북한 신년 공동사설 분석』(2007.1).

이미 북한은 선군정치를 선군사상에 따른 북한식 정치제도로 정당화하는 노력을 기울여 왔다. 김일성은 1950년대 종파투쟁을 겪으면서 외부의 압력과 내부의 분열상을 극복하는 최상의 방식으로 주체사상을 내세웠고 이를 토대로 수령유일지배체제를 확립하였다. 마르크스, 레닌이즘에 기반을 둔 노동당 규약을 개정하면서까지 주체사상을 체제 이념으로 격상시키면서 수령 독재를 합리화하였다. 주체사상은 사회 각 분야의 지도 원리로서 작동하면서 시대의 변화와 현안 해결을 위해 조선민족제일주의 등 각종 실천 이데올로기들을 생산해냈는데 그 과정에서 주체사상은 결국 김정일 후계 체제를 확립하는데 결정적인 기여를 하였다. 김정일 스스로 주체사상에 대한 해석권을 장악함으로써 부자세습의 비판을 극복하고 후계자로서의 지위를 공고히 할 수 있었다.

사상의 역할과 중요성을 누구보다 잘 알고 있는 김정일은 자신이 내세운 선군정치를 정당화하기 위한 이론적, 사상적 검토 작업을 병행하였다. 1990년대 후반 극심한 식량난 등 소위 고난의 행군시기 김정일은 '붉은 기 사상' 등 실천 이데올로기들을 제창하면서 김일성 시대의 주체사상을 이데올로기 차원에서 보완하는 한편 자신의 선군정치를 직접적으로 합리화할 수 있는 사상적 기반을 구축하기 위한 노력을 기울였다.[3]

김정일의 선군정치를 합리화하는 선군사상은 그 뿌리는 김일성의 항일유격대정신으로까지 확대되지만 결국 김정일의 통치방식을 정당화하는 통치이데올로기라고 할 수 있다. 선군사상은 철학

---

3) 정성장, 백학순, 『김정일 정권의 생존전략』 (성남: 세종연구소, 2003), 13~15.

적 이론으로서의 사상이라기보다는 어떤 난관에도 불구하고 김일성이 설립한 북한정권, 북한 체제를 안정적으로 유지 계승한다는 것이다. 소위 혁명의 수뇌부를 결사옹위하거나 총폭탄 정신이나 혁명적 수령관으로 표현되는 선군사상은 그 핵심이 김일성, 김정일의 생명과 권력을 무력으로 끝까지 보위한다는 것이다.

사회전체를 선군사상으로 무장하기 위해서는 군대 내에서만의 사상교육이 아니라 전당, 전 인민 차원에서 사상적 강화 노력이 요구된다. 선군정치를 시행할 당시의 분위기는 김일성 사망과 극심한 식량난, 대외적으로 고립무원이던 상황이었다. 이러한 상황에서 엘리트들의 패배주의적 신심이반이 노출되고 탈북자 등 일반주민들의 체제이탈 현상이 속출하게 되었다. 선군정치는 엘리트들에게 체제에 대한 믿음과 확신을 심어 주고 주민들에게는 보다 강력한 통제기제로서 작용하였다. 지난 10년간 안팎에서 가해지는 위협에 대해 핵개발 등으로 위기의식을 고조시키면서 주민들을 결속시키는 동시에 외부에서 유입되는 각종 정보와 사상에 대해 선군정치의 기치 하에 각종 캠페인과 사상 재교육을 통해 방지하는 노력을 기울여왔다.

그러나 재교육을 통한 사상적 통제에는 한계가 있어 심질적인 사상통제를 위한 각종 방안들을 시행하고 있다. 2004년도 룡천역 사고를 통해 확인된 외부와의 무분별한 교류접촉을 차단하고 인권문제에 대한 국제적 압력에 대처하는 차원에서 핸드폰 사용을 규제하는 외에 각종 통신 정보나 인적 왕래를 통한 정보 유입과 전파를 차단하고 있다. 최근까지 북한 지역에서 발견된 김정일 비판 벽보나 삐라, 또는 즉결처형 등 인권 유린 현장에 관한 동영상 등의 유포를 적극 차단하기 위한 통제도 강화되었다. 북한에서 김정일의 선군정치가 유지되는 한 선군사상을 통해 지도부의 정통성을 확립하고 비판세력의 존재를 발본색원하기 위해 군과 당 조직은 물론 각종 보안조직과 외곽 단체들은 사상적 통제를 지속할 것이다.

선군사상에 의한 사상적 통제는 김일성, 김정일의 권위를 유지하고 체제를 지속하기 위한 수단인 동시에 북한이 처한 경제적, 외교적 난제를 해결해 나가는데 있어서도 필수적이다. 북한은 이미 2002년 7.1 경제 개선 조치를 통해 부분적으로 경제적 유통망을 가동시키면서 소위 실리사회주의를 도입하였다. 실리사회주의를 통해 경제적 효율성을 제고하고 생산성을 증대시키는 효과는 어느 정도 입증되었으나 반면 새로운 빈부격차의 발생 등 사회내부의 갈등현상이 표출되고 동시에 근본적인 개혁이 수반되지 않는 부분적 개선으로는 한계에 봉착할 수밖에 없다.[4]

2005년 하반기 북한 당국이 시행하기 시작한 배급제 부분 환원조치는 실리사회주의에 수반되는 사회적 갈등을 해소하는 동시에 추락한 국가 위신을 배급제 부활을 통해 회복하려는 조치로 보인다. 그러나 이미 실시되기 시작한 시장기제 등 실리사회주의적 요소는 포기하기에는 너무도 많은 문제점을 내포하고 있어 결국 북한으로서는 농업에 중점을 두어 식량문제를 해결하는 동시에 중국식 개방모델을 도입하지 않을 수 없을 것이다.

또한 남북 경협이 초기 시범단계를 거쳐 2006년부터는 개성공

---

4) 스티븐 해거드, 마커스 놀란드, 하태경 옮김, 『기아와 인권: 북한 기아의 정치학』(서울: 시대정신, 2006).

단의 본격적인 가동에 맞춰 규모나 성격이 훨씬 커지고 활성화될 것이다. 개성의 특정지역에서의 경협실험은 실험단계에서 본격 실시단계로 전환될 경우 그 파급효과는 북한 전역에 걸쳐 이루어질 것이므로 이에 대한 긍정적 효과 못지않게 부정적 요인을 차단하는데도 주력을 하게 될 것이다. 이미 1백만 명이 넘는 남한 관광객이 방문한 금강산을 비롯하여 평양, 백두산 지역을 남한 관광객에 본격 개방할 경우 이로 인해 유입되는 정보나 접촉 증대에 대한 대비책이 강구되지 않을 수 없을 것이다.

2006년 초 김정일 위원장은 측근들을 대동하고 중국의 경제개방의 신호탄이 되었던 광저우와 선전 지역을 방문하였다. 비록 공식 방문은 아니었으나 대규모 방문단을 인솔하고 중국 최남단 지역까지 열차로 횡단하면서 중국의 실상을 목격하고 중국식 개방모델인 특구개발에 대한 현지 실사는 북한 지도부로서는 결단이자 모험이 아닐 수 없다. 시급한 현안인 6자회담의 재개와 위조지폐문제로 인한 미국의 경제제재를 중국 지도부와 협의할 필요가 컸지만 경제개방에 대한 감각과 중국의 적극적 지원과 협력을 담보하기 위한 행보였다고 평가할 수 있다. 이러한 개방의 노력이 가시화되기 위해서는 중국식 사회주의의 경험을 살려 북한에 맞는 통제장치를 마련해 두어야 하는데 김정일의 판단으로선 선군정치, 선군사상이 가장 효과적인 방식일 것이다. 따라서 향후 실리사회주의에 입각한 체제 정비가 이루어질 것이며 선군사상, 선군정치에 기초한 내부결집과 사상통제 역시 지속적으로 추진될 것이다.

4. 선군정치와 후계 구도

김정일 시대 북한에서는 선군정치와 함께 권력 엘리트들의 대대적인 교체 작업이 추진되었다. 북한의 정치체제를 지탱해 온 혁명 1세대가 퇴진하고 2, 3세대가 당, 정, 군의 주요 핵심 요직에 등용되었다. 북한에서는 김일성의 빨치산집단이 각 분야를 총괄 지휘해 왔으나 이들 원로세대가 사망 또는 은퇴하는 과정에서 새로운 신진 세력으로 지배엘리트들이 교체되어 왔다. 과도기간에 1.5세대의 등용이 있긴 했으나 21세기 신사고, 실리사회주의를 구현하기 위해 당과 내각에 40대 전후, 군부에는 50대가 주류를 형성할 정도로 대대적으로 엘리트 교체가 이루어졌다.

2000년 남북정상회담을 전후하여 김정일 위원장은 중국 및 러시아를 방문하면서 신진 세력이 수행케 함으로써 엘리트 세대교체를 예고하였으며 2003년 최고인민회의를 새로 구성하면서 본격적인 엘리트 교체를 단행하였다. 신진 엘리트들은 대부분 김일성 종합대학을 비롯하여 최고 학부 출신들이며 대외활동의 경험들도 갖고 있어 유연하고 실용적인 태도를 갖추고 있다. 신진 엘리트들은 초기 대남관계, 경제부문, 대외관계 등 특정 분야에 국한되어 교체되다가 최근에는 군부와 치안담당 부서에도 집중적으로 배치되고 있다.

선군정치를 실시하고 있는 북한에서 군 주요 간부들이 북한을 통치하는 주요 인물들이란 점은 의심의 여지가 없다. 국방위원회가 최고위 권력기관이기 때문이기도 하지만 현재 북한을 주도하는 엘리트는 군부 인사들이 다수를 점하고 있어 향후 이들의 향배가 북한의 전략적 선택의 관건이 될 것이다. 2006년 초 김정일의 중국 방문에도 군부 지도층 상당수가 수행했다는 보도도 이를 뒷받침하고 있다.

김정일은 자신의 통치 구상을 실현하는데 있어서 혁명의 선배를 존중한다고 하면서도 실질적으로 당, 정, 군 등 요직을 3, 4세대로 대폭 교체하는 작업을 진행해 왔다. 이미 경제부분을 총괄하는 내각에서는 30대, 40대의 인물들이 주요 직책을 담당하고 있으며 대남사업에서도 이미 40대가 주축이 되어 각종 회담과 현안 실무를 맡고 있다. 2005년도 가장 보수적이라고 할 수 있는 치안과 보안 부문에서도 세대교체를 단행하였고 군부 인사들도 최상층부의 원로 장성들을 제외하고는 일선 지휘관들을 젊은 층으로 교체하였다.[5]

김정일의 적극적이고 대폭적인 세대교체 작업은 본인이 구상하는 개혁 모델을 담당하기에는 기존 혁명 1, 2세대로서는 불가능함을 인식하고 새로운 교육과 사고를 가진 젊은 세대에게 주요 직책을 맡겨 왔다. 중국의 개혁 모델도 참고했을 부분이다. 신사고를 실현하기 위한 신세대의 등장은 북한을 내부적으로 변화시키는 주요 동력으로 작용하고 있다.

또한 김정일이 세대교체를 추진하는 배경에는 자신의 후계 구도와도 무관하지 않다. 김정일은 이미 30대 초반 김일성의 후계자로서 공식 업무를 담당했고 김일성 생존 시 30년을 당사업을

---

5) "북을 움직이는 100인," 『민족 21』 2007년 2월호.

총괄하기도 하였다. 현재 65세인 김정일은 본인의 건강에는 문제가 없으나 북한 체제의 속성상 후계 구도를 마련하지 않고는 후일을 장담할 수 없는 입장이다. 따라서 김일성 사후 북한에서는 후계 구도와 관련한 움직임도 일부 포착되었고 실제 2000년대 초반 김정일의 차남인 김정철을 후계자로 옹립하는 문제가 적극 검토되고 일부 시행에 옮겨졌다는 분석도 대두되었다. 그러나 2005년 말 김정일은 자신의 후계 구도에 대한 공식, 비공식 언급을 일절 금지하는 조치를 내림으로써 현재까지 후계자 선정이 이루어지지 않았거나 이루어졌더라도 초보적 검증 단계일 것이란 추측을 낳고 있다.[6]

김정일의 후계자는 김정일의 직계 자손일 가능성이 높으나 그 대상이 되는 김정철의 나이가 아직 어린 관계로 설혹 김정철로 지명하더라도 후계자로 공식화되기까지는 시일이 걸릴 것이다. 또한 공식화되더라도 부자세습의 명분은 선군정치에서 도출할 수밖에 없어 후계자의 군부관련 업적이나 경험을 부각하는 노력이 있을 것이다. 만약 후계자 선정이 이루어지면 그 후견인으로 가장 강력한 군부의 전폭적인 지지와 후원이 불가피할 것이기 때문이다.

김정일이 자신의 생전에 후계 구도를 완성하되 3대 세습을 중단코자 한다면 군부에서 특출한 인물을 발탁하여 후계자로 지명하거나 군부 중심의 집단 지도 체제로의 전환도 구상할 수 있

---

6) 김정일은 김기남, 박재경 등 당, 군의 핵심 간부들에게 후계 구도와 관련한 언급을 일절 하지 말도록 지시하였다고 한다. 〈한겨레신문〉, 12월 12일자.

다.[7] 김일성, 김정일의 혁명전통에 충실하면서 북한 체제가 직면한 난제들을 해결하는 동시에 가장 강력한 후원국가인 중국의 지지를 받을 수 있는 인물이나 집단 지도 체제로서의 군부중심후계구도가 선정될 것이다. 따라서 직계나 측근을 망라하여 어느 누가 후계자로 선정되더라도 선군정치, 선군사상은 매우 효율적인 정권승계 정당화 논리가 될 것이다.

5. 김정일 이후의 북한

김정일 이후의 북한을 전망함에 있어서 김정일 신상 변화에 따른 북한 변화에 관한 다양한 시나리오를 상정할 수 있다. 김정일의 신상 변화의 속도와 내용에 따라 중장기 또는 급변 사태로 나뉘질 수 있고, 개혁 또는 반개혁의 상황 전개를 예상할 수 있다.[8] 그러나 현실적으로 김정일의 신상에 돌발적인 급변 사태가 발생하지 않는 한 북한 체제는 김정일의 예상 자연 수명과 함께 상당 기간 존속할 가능성이 높을 것으로 보인다. 그 이유로서는 북한 체제의 특수성과 함께 지난 10년 동안 김정일 주도의 선군정치가 그 본연의 정책적 평가와는 무관하게 북한의 대내외적 정세변화와 맞물려 체제보존의 성과를 상당 부분 거두었기 때문이다.[9]

---

7) 국회 정보위원회 연구보고서, 『북한의 위기관리체제와 우리의 대응방안』(2006.11).
8) 박관용 외, 『북한의 급변 사태와 우리의 대응』(서울: 한울 아카데미, 2007).

김정일 이후 북한의 향방은 김정일의 퇴장 상황과 밀접히 연관되어 있다. 현재로서 가장 가능성이 높은 경우는 김정일이 향후 10년 동안 후계 구도를 완성하여 새로운 지도부에 의해 안정적으로 북한 체제가 유지되는 것이다. 2.13합의에 따라 북핵 문제의 평화적 해결과 북미, 북일 관계의 개선, 남북 관계의 지속 등 북한 체제가 안정화되는데 유리한 조건들을 감안한다면 김정일 이후의 북한은 김일성, 김정일의 이념과 역사적 정통성을 기반으로 부분적인 개방과 개혁을 도입한 중국이나 베트남식의 사회주의-시장경제체제로 전환될 가능성이 높다.

그러나 김정일 이후 북한 체제가 선군정치를 고수하면서 실리주의를 넘어 시장경제체제로의 전환이 가능할 것인지는 속단할 수 없다. 김정일 이후 북한에서 실리주의가 확대될 경우 간부들의 재량권 확대와 경쟁의 논리 도입은 기관별 개인별 실리주의와 충돌될 가능성이 매우 높기 때문이다. 2002년 이후 실리주의를 표방한 북한에서 공장, 기업소, 협동농장, 병원, 학교 등 대부분의 비군사적 기관에서 새로운 관리자, 지배인들의 성향은 자신이 맡고 있는 기관의 이익 제고를 우선시하고 있어 중앙 및 지방 행정기관의 분권화가 진행되고 간부들의 전문성이 중시되는 상황에서 개인 또는 기관본위주의의 행태가 나타났는데 김정일 없는 북한에서 이 같은 갈등이 해결될 수 있을지 아직은 미지수이다.

김정일 시대 선군정치하의 북한 체제는 군대식 중앙집권적 집

---

9) 전현준 외, 『북한 체제의 내구력 평가』 (서울: 통일연구원, 2007).

단주의 방식의 개발정책을 선호했지만 김정일 이후 일반 기관에서 기관 중심의 집단주의 또는 개별단위 차원의 실리주의를 모색함으로써 실적 위주의 정책구도가 확산될 경우 새로운 이념 갈등도 예상되고 있다. 어느 기관, 어느 단위에서도 김정일 위원장의 절대 권위에 역행하는 인식이나 행동 조짐은 드러나지 않았으나 김정일 이후 북한에서 개인 차원에서의 구조의 모순에 대한 인식 변화는 불가피할 것으로 보인다. 이러한 상황에서 선군정치를 주도했던 김정일의 신임을 받았던 군부 엘리트들이 급변하는 국제정세와 경제사회적 실리주의에 대한 인식과 대응이 향후 정책방향 및 선군정치 그 자체의 성패를 결정하게 될 것이다.

김정일 이후 북한의 대내적 정치체제의 변화와 함께 대외관계 부분에 있어서의 변화도 주목해야 한다. 김정일 이후의 북한에서도 핵문제의 평화적 해결 없이는 북한사회가 올바른 방향으로 변화할 수 없을 것이다. 북한은 핵문제를 생존권과 자주권의 차원에서 접근하고 있어 완전한 핵무기 폐기와 북미, 북일 관계정상화가 이루어지기까지는 숱한 난관이 예상되고 있다. 북한 핵문제는 한반도에서의 남북 군사적 대치상황과도 연관이 있다. 북한이 느끼는 체제위협은 미국 부시 행정부가 북한을 테러지원국이며 불량국가이자 악의 축으로 규정하여 북한정권의 교체나 근본적인 정책전환을 요구하는데서 비롯되기도 하지만 한반도에서의 남북간, 한미연합군으로부터의 군사적 위협에도 어느 정도 기인한다고 볼 수 있다. 김정일 이후 북한정권 담당자들이 남침이나 통일전선전략을 완전히 포기할지는 알 수 없지만 현실적으로 김정일 이후 북한은 북핵 문제 해결과 동시에 남한에서의 전작권 전환과

한미연합사의 해체를 체제보존의 긍정적 요소로 받아들일 수 있을 것이다. 그런 측면에서 남북 군사당국간 회담을 통해 군사적 신뢰구축의 초보적 단계를 넘어 보다 본격적인 군사적 긴장완화를 위한 노력도 가능할 것이다.

김정일은 끊임없이 군사와 이념에 의한 체제 정당성 제고에 노력하고 있다. 그럼에도 2002년 이후 실리 사회주의의 등장으로 북한 내부에서는 혁명적 이념성이 퇴조하고 있다. 특히 일반 사회는 물론 선군정치의 주체세력 내부에 대한 단속이 필요할 정도로 외부사조의 유입은 지속되고 그 파급 효과의 의미가 적지 않다. 탈북자의 증가 및 성격 변화도 북한 체제에 의미 있는 영향을 주고 있으며 이에 따른 일반 인민들의 민심 이탈 조짐은 선군정치의 추동력을 약화시키면서 북한사회 내 전반적인 인식 변화를 초래할 가능성도 제기되고 있다. 탈북자들이 장기 체류하는 중국 동북지역의 급속한 발전상은 북한을 더욱 이질적인 사회로 인식케 하고 이 같은 탈북자들의 사회문화, 심리적 괴리감은 탈북자의 재북 가족과 친지를 통해 북한사회 내부로까지 파급되고 있다. 가족단위의 탈북 등 새로운 형태의 탈북자 문제의 발생은 인민들의 혁명성을 약화시키고 이들과 직간접적으로 연결된 체제 중심세력에게까지 영향을 주고 있다. 경제난의 지속과 기관 및 개인 차원에서의 경쟁을 유발시키는 실리사회주의의 도입으로 부정과 부패가 수반될 것이고 이를 계기로 사회주의 대가족의 혁명적 동지애로 구축된 체제 구속원리를 밑으로부터 해체시킬 가능성이 커지고 있다. 김정일 이후 북한에서는 이러한 현상이 더욱 가속화될 것이고 김정일 없는 북한 체제가 이를 효과적으로 관리할 수 있을지 의문이다.

지난 60년 동안 북한 체제는 스탈린식 전체주의의 정치구조와 동양적 전제 군주제의 복합적 정치체제를 유지해 왔으나 김정일 이후 증대하는 외부와의 접촉을 통한 중상위권 엘리트들 내부의 각성은 향후 선군정치의 정치체제의 근본적 변화를 초래할 것이다. 사회주의 체제의 이념적 정통성과 효율성에 대한 회의와 비판으로 신심이반과 무기력증이 팽배하는 가운데 이를 극복하기 위한 수단으로서 김정일 선군정치가 등장하였으나 김정일 없는 선군정치가 과연 그 공백을 메울 수 있을지 모르겠다. 김일성을 신격화한 우상화 정책이나 김정일에 대한 칭호가 수백 가지로 추산되는 북한 체제에서 수령 독재와 이를 뒷받침하는 선군정치의 전면 등장은 무너지는 북한 수령체제의 생명력을 지탱하는 마지막 보루였지만 김정일 이후 내부적으로 일탈을 통제할 수는 없을 것이다.

김정일 시대는 선군정치 10년을 통해 체제 유지 및 발전을 도모하였으나 선군정치가 정상정치로 복귀하기보다는 김정일 특유의 정치행태로 고착되는 근본적 모순구조에 빠졌다. 김정일이라는 절대적 통치권자가 체제와 동일시되는 또는 동일체로 유지하기 위한 선군정치는 비록 김정일 생존 시 안정적인 권력 이양의 도구가 될 수 있겠지만 김정일 이후 밑으로부터 형성되어 온 새로운 대안체제에 대한 인민과 엘리트들의 욕구를 감당할 수 없을 것이다.

김정일은 선군정치를 자신의 후계 구도 등장을 안정적으로 구축하기 위한 수단으로 삼거나 군부집단 지도 체제를 등장시킬 구실로 삼고 있을지 모른다. 그러나 이러한 후계 구도의 예비적 조치들이 정작 김정일 이후 새로운 권력투쟁의 빌미가 될 가능성이 높다. 특히 갈수록 대북 영향력을 증대시키고 있는 중국이 김정일 이후의 권력구조를 근본부터 재구축하고자 할 경우 북한 내부 정세는 정책 혼선뿐만 아니라 1958년 이후 중단된 종파 투쟁이 재개되는 혼란 양상을 보이게 될 것이며 이러한 혼선과 혼란으로 북한에도 드디어 수령유일지배체제 하의 독재가 종식되고 사회주의 정치가 복귀하는 새로운 시대의 서막이 열리게 될 것이다.

제1주제

김정일 시대의 북한과
김정일 이후의 북한

Ⅱ. 지정 및 청중토론

1. 사회 : 유석렬

유호열 교수님은 발제문에서 김정일 시대의 북한과 김정일 이후의 북한에 대해서 설명하셨습니다. 유 교수님은 김정일 시대의 북한과 관련하여 북한 체제의 특수성, 김정일의 선군정치, 사상통제와 실리사회주의 그리고 선군정치와 후계 구도를 짚어 주셨습니다.

'김정일 이후의 북한'에 대해서는 뒷부분에서 다루어 주셨는데, 김정일 이후의 북한은 김정일 신상변화와 관계가 있다는 것입니다. 김정일의 신상에 돌발적인 급변 사태가 발생하지 않는 한 그 체제는 상당 기간 존속할 것이라고 했습니다. 김정일 이후의 북한은 부분적인 개방, 개혁을 도입한 중국이나 베트남식의 사회주의 시장경제체제로 전환될 가능성이 높다는 분석을 해주셨습니다.

주목되는 발언은 김정일 이후 북한은 실적위주의 정책구도가 확산되면서 새로운 이념갈등이 증폭될 것이며 이는 부정부패가 수반되어 사회주의 체제 구속원리를 해체시킬 수 있다는 것입니다. 또 김정일 이후 밑으로부터 형성되어 온 새로운 대안체제에 대한 욕구가 일어나고 중국의 대북영향력이 강화되어 종파투쟁이 재개되는 등 혼란양상을 보이게 될 것이라는 전망을 내놓았습니다.

토론은 순서에 따라 김병로 교수님이 먼저 하시겠습니다.

2. 토론 : 김병로(서울대 통일연구소 연구교수)

유호열 교수의 논문은 선군정치와 실리경제라는 틀로 북한 체제의 현실을 진단하고 그에 기초하여 김정일 이후의 체제변화를 전망하는 논문이라고 봅니다. 유 교수는 북한 체제에 대해 자생적 배경에서 태동되었고 소련의 영향력이 제한적이었으며, 시민사회가 형성되지 못한 체제로 보고 있습니다. 탈냉전 이후 경제난, 주민불만, 일탈행위 등의 변화가 나타나고 있지만, 선군정치라는 군사국가체제로 비교적 탄탄하게 체제를 유지하고 있는 것으로 평가하고 있습니다. 한편으로는 사상통제를 가하고 다른 한편으로는 실리사회주의 정책을 추진함으로써 체제의 탄력을 견지하고 있다고 보고 있습니다. 권력엘리트의 세대교체를 단행함으로써 후계 구도를 준비하고 있는 것도 체제를 안정되게 이끌어 온 비결로 분석하고 있습니다. 이러한 분석에 기초할 때 최근 10년 동안 북한 체제는 북한의 대내외적 정세변화와 맞물려 체제보존의 성과를 상당히 거두었으며, 이러한 분석에 기초할 때, 향후 10년 동안 후계 구도를 완성하여 북한 체제를 안정적으로 유지할 것으로 전망하고 있습니다.

물론 이 과정에서 아무런 문제가 없다고 주장하지는 않습니다. 2002년 실리사회주의 등장 이후 혁명적 이념성이 퇴조하고 있으며, 실리주의 정책을 추진하는 과정에서도 새로운 노선갈등이나 이념갈등이 발생할 가능성도 예상된다고 설명합니다. 또 실리경제를 넘어 시장경제로 전환이 될 것인가 하는 문제도 불확실하다고 말합니다. 특히 핵문제가 평화적으로 해결되지 않으면 체제는 상당히 불안정해질 것이며, 외부와의 접촉이 증대되면 정치체제의 근본적 변화도 발생할 것으로 예상하고 있습니다. 이 과정에서 만약 중국이 친중 정권을 수립하려고 개입한다면 권력투쟁으로 인해 체제붕괴의 길을 걸을 수도 있을 것으로 전망하고 있습니다.

논문상으로 볼 때 북한 체제의 평가에서 두 가지 측면이 함께 나타나 있지만, 전개하신 논지로 보나, 주장의 강도로 보나, 논문 구성의 분량으로 볼 때 유 교수는 북한 체제의 안정 쪽에 무게를 두고 있고, 부작용이나 불안정성은 중심사안이 아니라고 이해됩니다. 유 교수의 이러한 평가와 분석은 선군정치의 현실 장악력을 놓고 볼 때 현실적합성이 대단히 높은 분석이라고 생각합니다. 저의 이러한 평가가 유 교수의 논문의도를 정확하게 파악한 것인지, 아니면 잘못 이해한 것인지 첫 번째로 질문 드리고 싶습니다.

둘째, 유 교수는 북한의 선군정치가 향후 얼마 동안 유지될 수 있을 것인지, 특히 김정일 이후에는 어떻게 될 것으로 전망하고 계시는지 여쭙고 싶습니다. 현재로서는 북한에서 전반적으로 선군정치에 대한 주민들의 의식이 선군정치를 동조하고 있는 것 같습니다. 때문에 향후 10년간 평화체제와 관련한 외교문제가 전격적으로 해결되기 전까지는 선군정치의 이념이 북한 내에서 작동할 것으로 예상해 볼 수 있습니다. 한국인들도 주변강대국으로부터 주권을 지키기 위해서는 국방력을 강화하고 싶어 할 것입니다. 그러나 선군정치는 좋게 보면 나라를 지키기 위해 국방을 튼튼히 하자는 식으로 이해할 수 있지만, 비판적으로 보자면 군사통치라고 볼 수 있습니다. 특히 군사정권으로부터 민주화를 경험한 한국인의 시각에서 군사통치는 용납하기 어려운 통치방식입니다. 이런 점에서 한국인과 조선(북한)사람의 정치인식에 큰 차이가 있다고 느낍니다. 제 생각으로는 현재 북한인의 의식구조와 사회상황으로 볼 때 앞으로 민주화를 이루기까지 상당 기간 동안 북한인의 선군정치에 대한 의식은 크게 달라지지 않을 것 같은데, 유 교수는 북한에서 선군정치의 미래를 어떻게 전망하시는지 궁금합니다.

셋째, 유 교수가 언급한 실리사회주의를 조금 더 구체적으로 설명해 주시면 고맙겠습니다. 구체적으로 실리사회주의가 가져오고 있는 성과의 측면과 부작용의 측면을 총체적으로 볼 때 어떤 평가를 내리고 계시는지요. 논문에 의하면 2002년 7.1개혁조치 이후에 등장한 정책으로, 또 그 내용은 계획사회주의와 시장경제의 중간 어디쯤으로 평가하는 것 같습니다. 논문에서는 실리사회주의의 결과로 상당한 성과를 거둔 것으로 평가하는 부분도 있고, 결론 부분에서는 실리사회주의로 인해 부정과 부패, 이념해체의 중요한 요인으로 동시에 지적하고 있습니다. 경제정책 변화가 지니고 있는 양면적 성격 때문일 것입니다. 그렇다면 유 교수님은 북한이 경제난을 타개하기 위해 시도하고 있는 실리경제정책의 경제적 효용성과 사회적 비용을 계산한다면 종합적으로 어떤 판단을 내리고 계시는지 말씀해 주십시오.

　마지막으로, 후계 체제와 관련하여 질문하고자 합니다. 향후 북한 체제의 불안정성은 후계문제와 관련하여 나타날 것으로 보고 있습니다. 경제난 속에서도 사상통제와 선군통치로 체제를 유지하고 있는 북한은 지도자 후계문제로 향후 10년 내로 상당한 체제 불안정에 직면할 것입니다. 권력이양이 부자세습으로 갈 것인가, 아니면 집단 지도 체제로 갈 것인가라는 단순도식으로 예측할 때, 유 교수는 어떤 쪽의 가능성이 크다고 보시는지요. 그리고 어떤 쪽으로 결론이 나더라도 권력불안정이 발생하리라 예상됩니다만, 현재의 선군정치 상황으로 볼 때 권력불안정을 덜 초래하는 후계 구도는 둘 중의 어떤 방식이라고 보십니까?

　마지막으로 덧붙여 "김정일 체제 이후의 변화"에 대한 저의 개인적인 의견을 말씀드리겠습니다.

　올해가 평양부흥 100주년이라서 2007년에 대한 관심이 대단히 큽니다. 그런데 남북 관계의 변화라든지 한반도의 정세변화를 훑어보면 올림픽을 치른 1988년을 계기로 해서 한반도에 화해 무드가 싹트기 시작합니다. 남북 교류 협력법이라던가, 공산주의권과의 교류가 올림픽을 통해 가능하게 되었습니다 올림픽을 치르기 위해서 공산주의권과 수교를 맺기 위해서 북방정책, 7·7선언 등을 하면서 한반도의 변화가 시작되었고 11년, 12년 후에 2000년 남북정상회담 때 한 번의 큰 변화가 있었습니다.

　그리고 이제 탈냉전 이후 세 번째의 변화를 보고 있는 것 같습니다. 그것이 아마도 우리가 기대하는 2007년에 오지 않겠는가 하는 기대감이 있습니다. 그래서 2007년에 관한 많은 역술인들의 예언도 있다고 하셨는데, 그리스도인으로서 하나의 예측을 해 본다면, '2007년에 새로운 한반도의 대변혁과 부흥이 시작되지 않겠는가, 그것이 혹시 2·13조치라는 것으로 시작되는 것은 아닌가?' 그렇게 생각합니다. 그래서 저는 앞으로 2007년부터 2010년까지의 준비기간을 거쳐서 2010년 이후에 큰 변화가 있을 것이라고 생각합니다. 2008년 베이징 올림픽, 2010년 상해 엑스포를 거치면서 북한이 많은 변화를 갖게 될 것입니다.

그리고 외교적으로 보더라도 지금 시간은 미국과 한국에게 그래도 시간이 남아 있는 것이 2010년이라고 봅니다. 2010년이 지나면 중국의 국력이 훨씬 더 신장이 되고 올림픽과 엑스포를 치르고 나면 이 한반도에 대한 중국의 입장이 달라질 것입니다. 미국과 중국과의 세력다툼 속에서 중국이 훨씬 더 미국을 압박할 수 있을 것이고, 그러면 한국의 입장은 더 불리해질 것입니다. 지금은 중국이 미국에 순응하는 듯하면서 한국을 압박하지 않습니다만, 2010년 이후에는 분명히 그런 압박하는 태도를 취하리라고 예상을 할 때, 우리에게 남은 시간은 그리 많지 않습니다. 미국과의 공조든지 외교적인 노력을 통해 이 문제를 풀어갈 기회는 앞으로 3~4년밖에 안 남아 있습니다. 이 시간을 우리가 적극적으로 활용하지 않으면 안 된다고 생각합니다.

사회: 유석렬

네. 감사합니다. 김병로 교수님의 논평은 4가지입니다. 첫째, 유 교수님의 선군정치의 현실장악력 평가가 맞는 것이냐? 둘째, 김정일 이후의 선군정치 향방은?, 셋째, 실리사회주의를 구체적으로 설명해 달라. 넷째, 김정일 권력이양이 부자세습이냐 집단 지도 체제냐? 하는 겁니다.

다음은 이교덕 박사님께서 말씀해 주십시오!

3. 토론 : 이교덕(통일연구원 연구위원)

유 교수의 논문은 매우 포괄적이고 광범위한 내용을 포함해야 할 뿐 아니라 미래에 대한 전망까지 해야 하는 어려운 주제를 잘 소화하고 정리한 논문이라고 생각합니다.

발제자의 주요 논지는 북한 체제의 특수성으로 인해 지금까지 체제가 유지되고 있고 김정일의 통치방식인 선군정치는 북한의 현 여건상 앞으로도 지속될 것이며 향후 10년 동안 김정일은 후계 체제를 완성하여 김정일 이후에도 안정적으로 북한 체제가 유지될 것이라는 것입니다. 또한 북한은 북·미, 북·일 관계 개선, 북핵해결, 남북 관계 지속 등으로 부분적으로 개방·개혁한 중국이나 베트남식의 사회주의-시장경제체제로 전환 될 가능성이 높지만 현재 나타나기 시작하는 북한 내부의 여러 갈등이 김정일 이후에도 잘 해결될 수 있을지 미지수라고 합니다. 결국 김정일 이후의 북한에서는 국제정세와 경제사회적 실리주의에 대한 군부 엘리트들의 인식과 대응이 향후 정책방향과 선군정치 자체의 성패를 결정하게 될 것이라고 합니다.

발표 논문의 전체적인 논지에 대체로 동의하지만 토론을 위해서 다른 관점의 주장을 전개해 볼 수도 있을 것입니다.

첫째는 선군정치와 북한의 당-군 관계에 대한 해석에서 관점을 달리 한다면 선군정치의 지속성을 회의적으로 볼 수도 있을 것입니다. 유 교수님께서는 비교적 오래갈 것이라고 전망을 하고 계십니다. 북한 스스로도 선군정치는 전술적인 방침이 아니고, 장기간 지속될 전략적인 것으로, 혁명과 건설이 완성되기까지 결코 선군정치는 포기될 수 없다고 해서 마치 북한 체제가 지속되는 한 선군정치가 계속될 것이라고 주장은 하고 있습니다. 그런데 선군정치라는 것이 간단하게 이야기하면 두 가지인데, 하나는 국력이 뒷받침 되는 한, 군사력을 최대한 강화하겠다는 것이며, 또 하나는 혁명과 건설에서 노동자, 농민이 이제까지 주력군, 선봉집단이었는데, 그것을 군이 대신하겠다는 것입니다. 달리 이야기하면 1990년대 중반 북한이 매우 어려운 상황에서 당이 제대로 기능을 못한 것입니다. 당이 하지 못하는 부분을 군이 대신 나서서 하는 형국이 되었고 그것이 유지되고 있는데, 과연 선군정치가 얼마나 지속될 것인가? 당의 기능이 회복된다면 굳이 군이 나서서 역할을 할 필요가 있겠는가? 하는 문제입니다.

- 선군정치로 북한 군부의 정치적 역할이 늘어난 것은 분명하지만 군부가 정책결정에서 어느 정도의 비중을 차지하느냐는 불분명합니다.
- 선군정치가 북한 정치에 미친 영향의 가시적 결과는 국방위원회의 권한과 위상이 강화되고 군 수뇌부의 권력서열이 올라간 정도입니다.
- 군사문제에 관한 한, 국방위원회보다는 당 중앙군사위원회가 여전히 비중을 차지하고 있는 것으로 보입니다.
- 총정치국과 조명록, 현철해, 박재경 등의 역할이 늘어난 듯하지만, 이들을 군부의 이해를 대변하는 것으로 볼지, 당료로 볼

지도 문제입니다.

- 권력구조, 특히 당·군 관계의 변화에 관해 1) 당이 여전히 우위, 군은 당 기능 약화를 보완하는 역할 2) 군이 우위, 당의 기능 마비, 당 우위는 수사일 뿐 3) 당·군·정이 각각 역할 분담하다는 견해가 있지만 1)로 보는 견해도 많습니다.

- 1)로 본다면 선군정치의 지속성을 장기적으로 볼 수 없고, 북한 체제 변화에서의 군부의 역할 및 비중은 심각하지 않습니다. 특히 북·미관계 개선 등으로 북한이 느끼는 군사적 위협이 완화되고 경제발전에 치중할 필요성을 느끼게 된다면 수사적으로는 선군정치를 내세우더라도 그 영향은 크지 않지 않을까 하는 생각입니다.

요컨대 선군정치(혁명과 건설에서의 주력군, 선봉이 군)는 상황의 변화에 따라 바뀔 수 있지 않을까 하는 것이고 북한도 주력군은 상황에 따라 언제나 바뀐다고 주장하고 있습니다.

- 최근 핵문제나 북·미관계에 대해 북한이 보이는 급속한 입장 변화는 언제나 가능, 북한 군부의 정치적 비중이 크다면 신속한 입장 변화는 어려울 것입니다.

선군정치의 지속성 여부는 북한내부가 얼마나 흔들릴 것인가, 당이 얼마나 안정적으로 관리할 것인가의 관점에서 파악해야 할 것입니다.

지금 2.13 합의 전후로 해서 북한의 대외적 환경이 좋아질 가능성이 상당히 높습니다. 앞으로는 군사력 강화보다는 경제적 발전에 더 신경을 쓸 가능성이 충분히 있을 것으로 판단이 됩니다.

그러면 대외적 여건, 북미관계 개선, 북일관계 개선 등 이제까지의 국제적 고립을 탈피해서, 대외적 관계가 다변화 된다든지, 국제적 지원을 더 많이 받는 여건이 조성이 된다면, 지금의 군의 비중이 점점 약화될 가능성이 있는 것이고, 그렇다면 선군정치가 유지될 수는 있지만 현실적으로는 군의 정치적인 역할이 점점 약화될 가능성이 있습니다. 선군정치라는 것이 단기적으로 끝날 가능성이 있지 않을까라고 생각합니다.

둘째, 발표 논문은 향후 10년 정도 김정일이 권력을 유지하면서 후계 체제를 구축하여 김정일 이후에도 북한 체제가 안정적으로 유지될 가능성이 있다고 전망하는데, 단 경제적 어려움을 극복하기 위해 도입한 실리사회주의 등으로 다소의 혼란이 있을 수 있으며 김정일이 없는 북한이 이런 상황을 잘 관리할 수 있을지는 미지수로 전망됩니다.

- 김정일의 후계 체제에 관한 다양한 시나리오의 상정이 가능하지만 급변 사태 상정을 논외로 하면 10~15년 동안 김정일은 후계 체제를 구축하면서 세습하거나, 전문 기술 관료나 군부 지도자의 등용, 제 세력 간의 집단 지도 체제 등을 고려할 것입니다.

- 김정일의 결정에 영향을 미칠 것은 10~15년 동안의 북한의 정치·경제적 상황, 정권 유지에 대한 불안 요소의 심각성 여부일 것입니다. 세습은 전임 정권에 대한 절대적 충성 확보의 필요성, 전문 기술 관료는 경제적 어려움의 극복, 군부 지도자는 흔들리는 체제 내부의 단속과 통제, 집단 지도 체제는 권력층 내부의 갈등 방지 등이 주요인으로 작용할 것입니다.

- 김정일 정권의 안정성에 대한 불안 요소로는 반체제 세력의 존재, 지배층 내부의 갈등, 경제 파탄을 들 수 있는데, 전자 두 가지는 현재 없는 것으로 보입니다.

- 소규모의 반체제 운동이나 소요 사태가 발생했다는 우리 언

론의 보도가 간혹 있었으나 발생했다 하더라도 그것들은 조직적이지 않습니다. 반체제 운동이 정권을 위협할 정도가 되려면 반체제 운동을 이끌 일정한 집단이 존재해야 하지만 북한에는 그런 집단이 아직 없습니다.

- 지배층 내부의 갈등과 대립도 개별적인 불만은 있을 수 있어도 조직적인 힘을 발휘하지는 못합니다. 북한 지배층은 세계 그 어느 나라보다도 응집력이 강합니다.

- 문제는 경제 사정인데 경제 파탄이 심화되고 외부 문화 등이 더욱 침투하면 휘발성을 가질 수 있습니다. 김정일 정권의 안정성을 저해할 수 있는 것은 이 마지막 요소인데 경제난이 심화될 개연성은 충분하며 경제난의 심화가 나머지 두 요소의 생성과 발전에도 커다란 영향을 줄 것입니다. 북한 주민들은 이미 당이나 국가에 기대하지 않고 있습니다.

- 김정일 이후의 북한에 대한 전망은 이런 요소들이 어떻게 전개될 것인가에 달려 있을 것입니다.

셋째, 발표 논문은 남북 경협이 활성화가 북한 내부에 끼치는 파급효과가 크고 김정일의 중국 방문 등에서 보는 대로 개방 노력을 인정하고 있습니다. 또한 북한의 세대교체를 지적하면서 김정일이 신사고, 자신의 개혁 모델을 담당하게 하기 위해서이고 북한 변화의 주요 동력으로 작용하고 있다고 지적하고 있습니다.

- 동서고금을 통해 새 세대는 기성세대에 대한 비판의식이 강하고 새로운 것을 찾는 경향이 있지만 북한의 신진 엘리트들이 반드시 실용적이고 유연할지 의문입니다. 특히 군, 치안, 보안 부문에서의 세대교체가 북한에서 긍정적인 변화를 유도할지 불분명

하지 않나 생각합니다. 장관급회담의 수석대표인 권호웅이 전금철이나 김령성보다 실용적이라고 볼 이유는 없습니다.

- 북한에서 정치적 엘리트로 성장하기 위해서는 여전히 체제에 대한 충성심을 보여 주어야 합니다.

- 신진 엘리트들은 혁명 제 3, 4세대로 국내에서 공부하고 해외경험도 적어 혁명의 순수성, 체제 유지에 대한 강한 집착을 보일 가능성도 있습니다. 체제로부터 혜택을 얻는 집단이라는 점에서 현 체제의 유지를 선호할 수 있습니다.

사회: 유석렬

이 박사님의 토론 요지는 첫째, 선군정치의 지속성이 회의적이라는 것, 둘째, 북한 체제 불안 요소로서 반체제 세력의 존재나 지배층 내부의 갈등을 인정하지 않는 것, 셋째, 북한의 신진 엘리트들이 반드시 실용적이고 유연할지 의문이라는 것 등입니다.

마지막으로 최강 교수님께서 발표하시겠습니다!

4. 토론 : 최 강(외교안보연구원 교수)

유호열 박사님은 김정일 시대 북한 체제가 여타 사회주의 국가가 가지고 있던 문제점과 도전 - 경제난, 권력구조의 불안정성, 주민들의 불만과 일탈, 사회주의 정권의 붕괴 - 들을 가지고 있었음에도 불구하고 비교적 안정적으로 유지되어 왔고, 김정일 위원장이 집권하는 동안에는 체제 불안이 어느 정도 수준에서 통제될 수 있다고 전망하고 있습니다.

김정일은 군을 체제 유지 수단으로 활용하는 선군정치를 도입하여 정치와 통치기반을 안정화했고, 선군사상을 통해 군을 주축으로 하는 통치 체제를 합리화하고 주민을 결속하는 노력을 경주하는 한편, 실리 사회주의 정책 도입을 통해 경제 문제의 일부를 해소해 왔습니다. 또한 김정일은 북한 체제 지속을 위해 세대교체와 새로운 엘리트를 중심으로 한 지지와 통치기반 공고화 작업 등을 추진해 왔습니다. 또한 중·장기적 관점에서 후계 구도와 과정에 대한 구상을 강구하고 있는 상황입니다.

유 교수님은 3가지 불안정 요인과 상황을 지적하고 있습니다. 체제안정화를 위해 김정일이 도입한 조치들이 잠정적으로 효과를 발휘하였으나, 내재적 모순을 증폭시키고 불안정 요인을 양산하였고, 그 결과 김정일 이후 중앙 대 지방, 개인 대 기관, 이념 대 실리 상충되는 요인들 간 충돌로 인해 북한 체제가 급격히 위기국면, 나아가 붕괴로 접어들 것이라는 전망을 하고 있습니다. 두 번째 요인은 중국의 적극적인 개입입니다. 즉 중국이 친중적이고 개혁적인 정권을 수립하고 개입할 경우 북한의 혼란을 초래할 것으로 전망하고 있습니다. 마지막으로 권력투쟁으로 인한 불안정 상황을 상정하고 있습니다.

김정일 시대의 북한이 안정성을 유지할 수 있을 것인가에 대해 관심을 가질 필요가 있습니다. 최근 『2.13 합의』와 3월 5~6일 미국 뉴욕에서 개최되었던 미·북 관계정상화 실무회의 결과를 보면 북한 핵문제와 북한과 관련국들 사이의 관계는 매우 빠른 속도로 진전될 것이라는 전망이 가능합니다. 이러한 경향이 지속된다고 가정할 경우 북한의 대외 여건은 물론 내부 여건도 상당한 변화를 겪게 될 것이며, 이것이 체제 불안정으로 연결될 가능성을 배제할 수 없습니다. 즉 김정일 이후가 아닌 김정일 집권

기간 내 북한 불안정 상황이 발생할 수 있다는 점입니다. 비핵화 과정이나 평화체제로의 전환은 북한의 외부와의 접촉 증대와 개방 확대를 요구하게 될 것이며, 이는 결과적으로 기존 세력의 입지와 영향력 약화를 초래할 것으로 예상할 수 있습니다. 지난 10여 년간 세대교체를 통해 김정일 지지 세력이 전면 부상하였으나, 추가적 개혁과 개방이 요구되는 시점에 이르러 엘리트 세력이 분열되고 갈등하는 현상을 배제할 수 없을 것입니다. 초기 단계에서는 정책적 이견을 중심으로 갈등이 발생할 것이며, 나아가 개혁과 개방을 추구하는 세력(당·정) 대 보수적인 군간 세력과 권력 다툼이 발생할 가능성을 염두에 둘 수 있습니다. 선군정치 하에서 영향력을 확장하고 체제 유지 기능을 수행해 왔던 군부의 역할이 개혁과 개방이 진척됨에 따라 여타 엘리트의 의하여 대체되고 기반과 영향력이 약화될 것이라는 가정이 가능합니다. 또한 지금까지 합치된 입장을 취해 왔던 군부가 내부적 이견과 갈등으로 인해 분열될 것인지도 관건이 됩니다.

향후 10년 기간 동안 김정일이 어떠한 입장과 정책을 취할 것인가가 후계 체제의 안정성을 결정하는 중요한 관건이 될 것입니다. 보다 직접적으로는 대체 혹은 견제세력에 대해 어떠한 입장을 취하느냐 하는 것은 그간 김정일 정권 유지에 기여해 왔던 군부의 반응을 좌우하게 될 것이며, 나아가 권력투쟁을 촉발하게 될 가능성이 있기 때문입니다. 만일 김정일이 생존하는 동안 보다 많은 개혁과 개방을 실행하고, 이를 이행하는 체제를 공고히 하며, 정책적 성과가 있었다 할 경우에는 정책적 연속성과 체제 안정을 기대할 수 있을 것입니다. 그러나 김정일이 이러한 부분에서 만족할만한 수준의 성과를 확보하지 못했을 경우에는 체제 불안정성이 후계 구도와 맞물려 급격히 증가할 가능성이 있습니다. 이는 권력투쟁과 체제 불안정 상황이 김정일 이후가 아닌 김정일 체제하에서 발생할 가능성에도 관심을 가져야 한다는 것을 의미합니다.

김정일 이후의 북한 지도부의 정책이 어떠한 방향으로 진행될 것인지도 관건이 됩니다. 김정일이 그래왔듯이 차후 북한 지도부도 나름대로의 새로운 정치지도이념과 체제, 그리고 기반을 구축하려 할 것입니다. 이러한 문제와 관련하여 중요한 변수가 되는 것은 김정일이 통치하는 동안에 나타난 정책적 성과, 사회와 주민인식의 변화 그리고 정치구도에서의 변화일 것입니다. 김정일 이후 북한은 새로운 대체 통치 이념이나 체제/구도가 필요한 상황에 직면하게 될 것입니다.

결과에 따라 김정일의 체제 통치 이념과 구도 그리고 정책을 계속 유지·확대해 나가려는 그룹(개혁·개방파), 방향은 유지하되 속도를 조절하자는 그룹(중도파), 혹은 그간 일선에서 벗어나 있던 이념성이 투철한 그룹(보수 회귀파)간의 갈등이 표출될 가능성이 있을 것입니다. 저자가 지적한 바와 같이 김정일 통치 기간 중 이념적 색채가 퇴조하였고 지속적으로 퇴조할 것이라고 가정할 경우에는 체제 불안은 가중될 것이며, 사회 전반으로 확대될 것으로 전망할 수 있습니다.

문제는 우리에게 유리한 상황이 무엇이며 이를 위해 우리가 어떠한 대북 정책을 추진하는 것이 바람직한가 하는 것입니다. 또한 이러한 체제 불안정 상황이 발생하였을 때 어떠한 문제 직면하게 될 것이며, 어떻게 대응할 것인가를 판단하고 대비하는 것입니다. 우리의 목표는 북한의 도발을 억제하는 가운데(무력 도발 불용), 북한의 안정적 변화(북한 붕괴 불원)와 남북 관계 진전을 통해 안정과 평화를 달성하며, 나아가 통일을 성취하는 것입니다.

북한의 도발을 억제하기 위해서는 튼튼한 방위 태세를 유지해야 합니다. 자체 방위력을 증가하는 가운데, 필요한 외부 자산을 확보하고 최대한 활용해야 합니다. 관건이 되는 것은 한미 동맹의 공고함을 유지하는 것이며, 미국의 대한 방위 공약을 확고하게 해야 합니다. 특히 연합 방위 체제에서 공동 방위 체제로 전환되어 가는 과정을 안정적으로 관리하고 확실한 대북 억제력을 과시해야 할 것입니다.

확고한 안보 태세를 유지하는 가운데 북한의 실질적 변화를 촉진하기 위한 대북 정책을 추진해야 합니다. 김정일이 집권하는 기간 내 이러한 변화의 기초가 확실히 정착된다면 김정일 이후의 상황을 처리하는 데에도 긍정적으로 작용할 것이기 때문입니다. 문제는 '우리가 과연 어떠한 대북 정책을 추진해야 하는가'라는 것입니다. 핵심은 유인과 압박의 적절한 혼합이며, 상징적·선언적 성격의 사업이 아닌 실질적인 북한 내부의 변화를 촉진하는 사업을 추진해야 합니다. 지금까지 남북 교류 협력 사업은 나름대로 성과가 있었다고 하겠으나, 북한 내부로의 침투와 확산에는 한계를 드러냈습니다.

따라서 먼저 북한 내부로의 개입과 확산에 부합되는 교류 협력 사업을 추진하는 것이 필요합니다. 두 번째, 북한 내부에서 변화 동력이 형성될 수 있는 성격의 사업이 필요하며, 실무적·기술적 차원의 접촉 확대가 요구됩니다. 세 번째, 남북 교류 협력 사업을 추진하는 형태에서 남북 간 특수 관계를 인정은 하되 국제관례와 규범을 준용하는 것이 필요합니다. 즉 시혜성·특수성이 아니라 조건이 맞을 경우에 사업을 추진하는 business-like 접근이 타당할 것입니다. 마지막으로 군 간의 접촉과 대화의 기회를 확보하고 확대해 나가는 노력이 필요합니다. 현재 북한 체제를 유지하는 것이 군이라면 이러한 군이 변화하도록 하는 것이 반드시 필요합니다. 냉전시대 미·소 간의 군사접촉을 통해 아주 기술적이고 전문적인 부분에서 상호 공감대를 형성하고 이해 부분을 확인하는 것은 양국 간 관계에 긍정적으로 작용하였고, 고르바초프가 추진한 글라스노스트와 페레스트로이카가 군에서도 수용되었던 기반을 형성하는데 기초가 되었다는 점을 상기할 필요가 있습니다. 따라서 군사부분에서 보다 공세적이고 적극적인 입장을 북한군과의 접촉과 대화 그리고 북한군의 변화를 도모할 필요가 있습니다.

이러한 북한의 안정적 변화를 위한 여건과 조건을 확보하기 위한 노력과 병행하여 만일의 사태와 상황에 대한 대비를 해야 할 것입니다. 북한의 붕괴를 원하고 조장하지도 않겠으나, 불가피하게 이러한 상황이 발생하였을 경우에 어떻게 대응할 것인가에 대한 대비는 국가 안보 차원에서 필요합니다. 어떠한 상황 하에서 어떠한 형태로 북한 체제 불안정 사태가 발생할 것인지를 면밀히 판단하고 대책을 강구해야 합니다. 가장 중요한 것은 북한 체제 붕괴 상황이 또 다른 분단으로 연결되지 않도록 해야 한다는 점입니다. 또한 주변국들이 불필요하게 개입하는 것을 차단하고 협조를 확보하면서 상황을 주도적으로 관리하는 가운데 부정적 파급효과를 최소화하기 위한 방안이 필요합니다. 대량 살상 무기 처리, 난민, 무력 충돌, 인도적 구호 등과 같은 구체적인 사안들에 대한 세부적인 방안을 검토할 필요가 있으며, 이러한 과정에서 주요 국가들과의 협의도 진행해야 할 것입니다.

이와 연관하여 마지막으로 통일 외교 강화가 요구된다는 점을 인식해야 합니다. 과거 독일의 통일 과정을 볼 때 평소부터 통일 외교를 추진한다는 것은 이러한 상황이 발생하였을 때 가장 중요한 요인으로 작용한다는 점을 고려하여 통일에 대한 주변국들의 이해와 지지를 확보하기 위한 통일 외교를 보다 적극적으로 전개할 필요가 있습니다.

사회: 유석렬

최 교수님의 토론 요지는 첫째, 김정일 시대의 북한 안정성 유지에 대한 의문을 나타냈고, 둘째, 김정일 이후 북한은 새로운 대체 통치 이념이나 체제·구도가 필요한 상황에 직면하게 될 것이라고 주장했습니다. 최 교수님은 우리의 대북 정책 추진 방향과 관련, 시혜성·특수성이 아닌 사업 추진 형식의 business-like 접근이 타당하다고 했으며 특히 북한 체제 붕괴가 다른 분단으로 연결되지 않도록 해야 한다는 의견을 주셨습니다.

자, 그렇다면 이제 플로어에서 질문을 받겠습니다.

5. 청중 질문

1) 심주일(창조교회 목사)

① 북한의 당과 군을 병렬관계로 봤는데, 그렇다면 북한의 혁명건설 영도 계급은 노동당입니까, 그렇지 않으면 군대입니까? 예를 들어, 북한에서 선군정치 노선에서 평안남도가 제일 뒤떨어지고 있는데, 평안남도에 대해서는 누가 대책을 세우게 됩니까? 즉 김정일이 직접 하는 것입니까? 만약 당이 한다면 당과 군이 병렬관계인데 어떻게 합니까?

② 집단 지도 체제란 도대체 무엇을 말하는 것입니까?

③ 2.13 합의 이후 변화가 있을 것이라고 보는데, 그렇다면 북한이 핵을 포기할 수 있다고 보십니까?(김병로 교수님께)

2) 윤은주(성서한국 사무국장)

김병로 교수님께 묻겠습니다.

① 북한의 배급 시스템(군·당 등 권력층 이외의 일반 주민들)이 거의 붕괴되어 있는 상황에서, 주민들에 대한 통제가 예전과 같지 않을 것 같은데요. 이것이 북한 체제 분석에 큰 변수로 여겨질 수는 없는지요?

② 유럽 농업 지원 단체에서 일하는 북한 현지 사역자의 이야기에 의하면, 암암리에 활약하고 있는 무역상들을 10만 명 정도로 잡고 있다고 합니다. 국가 배급 체제에 의존하지 않는, 혹은 독립적인 이들 그룹의 영향력을 평가할 수 있을까요? 이들이 새로운 그룹으로 작용할 가능성은 어떻다고 보시나요?

6. 질문에 대한 답변

1) 유호열 교수의 답변

제가 평소에 두려워하는 사람들이 오셨는데. 곤혹스럽습니다.

▶ 김병로 교수에 대한 답변

첫째, 선군정치의 지속성에 대해

저는 북한의 현 상황에서 김정일의 건강에 이상이 없는 한 안정적으로 유지될 것이라고 봅니다. 선군정치라고 하는 것이, 사실 처음 발표됐을 때, 그 배경이 되는 발언과 논문을 보면 '선군정치'라는 것을 항구적 조직이나 기구로 상정하기보다는 북한의 식량난(300만 명이 사망했다고 황장엽 비서께서는 말씀하셨지만), 엄청난 경제난, 김일성 사망이라는 초유의 권력이 양기를 극복하기 위한 하나의 위기 극복 수단으로, 또한 '그것을 통해 궁극적으로 당을 회복하여 당이 우위에 있는 체제로 가지 않겠는가'라고 생각을 했던 것입니다.

그러나 10년의 과정이 지나면서 북한사회가 아직도 위기가 종식되지 않은 측면이기 때문에도 그럴 수 있겠지만, 오히려 선군정치를 통해서 김정일이 자신의 체제를 효율적으로 통치할 계기가 되었다는 측면에서, 적어도 상당 기간 선군정치가 유지될 것이고, '단순한 위기 극복 수단이 아니라 김정일식 통치 체제로 가지 않겠는가?'라고 생각한 것입니다. 그런 점에서 북한에서 나온 선군정치 소개서, 해설서 등의 자료들이 굉장히 많이 있습니다.

다시 말하면, 선군정치라는 것을 하나의 김정일 방식의 통치로 격상한 것이 아닌가 생각하게 됩니다. 과거의 주체사상이 소위 마르크스·레닌주의를 대체하면서 북한을 이끌어왔듯이, 이제는 선군정치를 선군사상이라는 말로, 또는 선군사상과 함께 더 체계화함으로써 김정일식 강성대국, 또는 지금과 같은 핵문제를 해결해나가는, 지금과 같은 낙후된 경제를 발전시키기 위한, 그러면서 외부로부터의 다양한 압력이나 영향으로부터 김일성으로부터 수립된 전통을 이어가려는 것이 아닌가하는 생각이 듭니다.

그럴 때에, 이교덕 교수님의 질문과도 연관이 됩니다만, 당과 군의 역할과 위상은 어떻게 될 것인가? 지난 10년 동안의 변화를 보면, 당은 기구로서도, 간부로서도 상당히 위축이 되고 있고, 군이 북한의 권력을 이끌어가는 핵심기구로 존재하고 있습니다. 당과 군 중에 누가 더 힘이 세냐고 단정적으로 묻기는 그렇지만, 그렇게 단정적으로 질문을 하더라도 역시 군이 더 힘이 세다고 할 수 있습니다.

몇 가지 그런 사례가 있습니다. 예컨대, 북한이 핵을 개발해나가는 과정에서 누가 핵을 개발하는가? 이것은 물론 원자력 총국이라든지 기술적 도움이 필요하지만 역시 당이 아니라 군에서 주도하고 있습니다. 북한의 명운을 이끌어 가는 것이기에 군이 그럴 수밖에 없습니다. 남북 관계에 있어서도 교류 협력에도 불구하고 아직까지 가장 진전이 되지 않은 부문이 군사 부문입니다. 열차 시범 운행 등에 있어서도 군의 최종 승인, 협조를 받지 못해 바로 합의한 날 직전에 실패한 일들을 봐도 군의 위상과 영향력이 가장 크다고 할 수 있습니다.

그래서 저는 김정일이 현재의 어려움을 극복하고 태평성대를 이루기까지는 선군정치를 유지할 것이라고 생각합니다. 북핵 문제도 2.13 합의 이후 여러 가지 낙관적 기대와 전망을 하고 있지만, 그 단계가 워낙 복잡하고 당장 60일 이후에 2단계로 불능화 조치, 그 다음엔 본격적인 핵무기를 놓고 폐기할 것인가를 논의한다는 것을 가정하면, 북한 핵문제의 완전한 해결, 한반도 비핵화까지는 상당한 시간이 걸릴 것입니다. 5~10년이 될지 그 이상이 될지 지금으로서는 예측하기 어려운 상황이고, 그 전까지는 선군정치를 유지할 것이라고 생각합니다.

둘째, 실리사회주의에 대해

북한의 실리사회주의라는 것은 한마디로 유통 구조, 즉 장사를 도입한 것이라고 할 수 있습니다. 아시듯이, 북한이 90년대 중반부터 지금의 어려움을 극복하는데 여러 과정이 있었지만, 실리사회주의를 도입하지 않으면 안 될 정도로 일반 유통에 있어서 장사가 만연, 확산된 측면이 있습니다.

문제는 실리사회주의가 북한 경제를 회복하는데 도움이 되면 좋겠는데, 그렇지 못하다는 것입니다. 2002년 7.1 경제 개선 조치도 사실 그것을 통해서 새로운 것을 만들려는 측면도 있지만, 그 이전까지 누적된 경제적 낙후성, 불합리성을 어느 정도 용인한 측면이 있습니다. 그러면, 그 이후에 북한 경제가 제대로 발전했는가? 지금 평양에 가보면 페인트칠도 돼 있고, 옷차림이라든지, 자전거가 늘어났다든지, 먹고사는 문제가 어느 정도 해결이 되었다는 것이, 북한 경제의 근본적 변화를 보여 주는 것은 아닙니다.

여러 가지 사회주의 폐쇄 경제를 보는 단서가 있습니다. 우리 같이 개방된 체제에서는 증권, 여러 가지 경제 지표를 보면서 경제 상황을 판단하지만, 그래도 실생활을 제대로 판단하지 못하기 때문에 노무현 정부가 5년 동안 고생을 하고 있는 것과 마찬가지로, 더구나 북한 같은 경우는 더 어렵습니다.

북한 경제가 실리사회주의를 하고, 10만여 명 상당의 많은 수의 보따리장수를 통한 중국과의 교역이 있는데, 그럼에도 불구하고 환율을 보면 경제의 심각성을 알 수가 있습니다. 2002년도 경제 개선 조치의 핵심은 북한 환율을 백분의 일로 평가절하한 것입니다. 2원 : 1달러를 200원 : 1달러로 바꾼 획기적, 공식화, 현실화 조치인데, 그로부터 지금 5년이 되었는데, 암시장에서 북한 1달러 : 3,000원을 합니다. 이는 북한에서 한 달 월급입니다. 물론 공식 환율은 200원대에 있습니다만, 그 차이는 15 : 1 정도입니다. 그러면 10년 사이에 북한 환율이 암시장과 공식시장의 환율의 차이가 1000 : 1 정도 되지 않을까 합니다. 그렇다면 이것은 과거 어떠한 사회주의, 어떠한 폐쇄 경제라도 유지될 수 있는 것이 기적이라고 할 수 있습니다. 그래서 실리사회주의 이야기를 하면서 앞으로 이 문제가 북한사회에 변화를 가져올 수밖에 없는 요인이라고 하는 아까 두 분의 말씀에 동의를 합니다.

시간이 많이 지났기에 모든 질문을 한마디로 축약해서 답변하도록 하겠습니다.

앞으로 김정일은 5~10년 동안 후계 구도 안정화를 위해 노력할 것입니다. 김일성 체제를 이어받으려고 할 때, 후계자의 선정이나 역할이 얼마나 중요했다는 것을 본인이 누구보다 잘 알고 있습니다. 1980년 제6차 당대회에서 후계자로 공식 지명이 되고 나서, 그 이후로 동유럽사회주의 몰락에도 불구하고 북한 체제가 살아남은 가장 큰 원인이, 물론 군이 뒷받침하기는 했지만, 후계 구도를 성공적으로 확립했기 때문이었다는 점을 김정일이 누차 강조했었습니다.

그렇기 때문에 앞으로 김정일이 가장 관심을 가질 문제는 후계 구도를 확립하는 것입니다. 그러나 지금 현실적으로 지금 당장 자기가 아버지 밑에서 후계자로 승인받고 활동했을 때와 같은 상황이 되지 않기 때문에, 그 과정을 안정적으로 하기 위해서, 일단 군에 의한 집단적인 지도 체제를 통한 후계 구도를 생각하고 있는 것입니다. 이것은 구소련의 집단 지도 체제와는 다릅니다. 김일성이 김정일을 30년간 뒷바라지해 준 것처럼, 김정일이 앞으로 5~10년을 뒷바라지하면, 지금 누군가가 후계자로 선정이 되어서, 집단의 도움 및 후견을 받으면서 되지 않겠는가 추론하는 것입니다. 그것이 지금 북한에게 있어서 절대절명의 문제입니다.

▶ 최 강 교수에 대한 답변

아주 좋은 포인트인데요, 그렇다면 '지금 우리가 무엇을 해야 하는가?'에 대한 문제입니다. 북한의 위기가 급변 사태에서 붕괴로 가는 것이냐 아니냐의 객관적인 문제도 있지만 그렇게 하는 것이 바람직하냐 아니냐의 가치 판단도 우리 정부나 국민들이 해야 될 때라고 생각합니다. 단순히 북한이 인도적 지원을 필요로 하니까, 우리가 도와준다, 또 북한이 핵을 개발하니까 그것을 평화적으로 외교적으로 해결해야 한다는 차원을 넘어서, 북한이 위기에 직면했을 때, 우리가 바람직하다고 생각하는 방향으로 유도해야 합니다.

예컨대, 탈북자가 5~10만 명, 30만 명이 되었을 때, 우리가 그들을 끌어들일 수 있는 준비를 충분히 한다면, 그것이 굉장히 빠른 속도로 확산이 되어서 마치 독일이 통일된 것처럼 할 수 있는데 과연 우리는 준비가 되어 있는가에 대해서 정부나 국민들이 확답을 못하고 있는 것입니다. 그래서 바로 이 시점에서 우리가 그런 준비를 해야 한다는 것입니다.

예컨대, 풍선을 띄우는 등등의 방법을 통해서 붕괴시키자고 하지만, 그것이 가져오는 여러 가지 어려운 점, 거기에 따른 부정적인 면이 많기 때문에 접을 수밖에 없습니다. 그러나 북한의 급변 사태 또는 위기 상황이 발생했을 때, 그것을 순기능적으로 유도하면서 동시에 바람직한 통일로 끌어갈 수 있는 준비는 해야 하는 것입니다. 대량 탈북 사태를 준비할 수 있어야 합니다.

그럴 때 북한사회가 위기 상황 발생시, 남한으로 오겠다는 결단을 내릴 수 있는 것입니다. 북한의 급변 사태, 붕괴에 대한 전망도 필요하지만, 상황별로 민족적 차원에서 평화 번영을 위해서 우리가 무엇을 할지 목표를 설정하고 전략을 짜야 하는데, 군사, 선전 전략은 있지만, 사회적 차원의 대비 계획은 없습니다. 그런 부분에 대해서 앞으로 우리가 더 많은 고민과 실천을 해야 한다고 생각합니다.

2) 김병로 교수의 답변

▶ 심주일 목사의 질문에 대하여

북한이 핵을 포기할 것인가는 단순한 질문이면서 어려운 질문입니다. 유호열 교수님께서도 말씀하셨듯이, 2.13 합의가 단숨에 끝나는 것이 아니라 긴 과정을 통해서 한반도 비핵화를 이루는 것이기 때문에 시간이 분명이 걸릴 것입니다.

저는 북한을 예측할 때 우리를 돌아보면 충분히 가능하다고 생각합니다. 한국 경제가 굉장히 어렵다고 하지만, 한국 국민들 중에 군사비를 줄이자는 이야기에 좋은 반응은 얻지 못합니다. 아직도 경제냐 군사냐의 문제에서 안보를 튼튼히 해야 한다는 시각이 있는 한 어렵습니다. 그렇게 본다면 북한은 더할 것이라는 것을 충분히 예상할 수 있습니다. 결코 안보를 포기할 수 없는 것입니다.

그렇기에 바터 식으로 차근차근 대응해 나가야 합니다. 북한은 철저히 경제적 지원과 핵무기를 맞바꾸면서 얻어낼 것을 얻어낼 것입니다. 마지막까지 끌고 가다가 해결할 것입니다. 말끔하고 투명하게 해결할 수는 없지만, 한반도 비핵화를 달성할 수 있을 것입니다.

▶ 윤은주 국장에 대한 답변

권력층 이외에 일반 국민들의 배급 시스템에 관해 물으셨는데, 최근에 김정일 생일날 쌀을 얼마 정도 받았다는 소식을 들었습니다. 정기적 배급은 아니더라도 유지하고 있는 것 같습니다. 10~20% 상류계층에 대한 배급체계는 작동되고 있습니다. 일반 국민들의 50%가 배급을 받기도 하고 못 받기도 합니다. 이들은 주로 장마당을 통해 생존하고 있는 것으로 보여집니다. 그러나 빈민층은 배급도 못 받는 완전 소외 계층입니다. WFP에서 이들을 500만~800만 명으로 추정하고 있습니다. 그들에 대해서 지원한다고 하지만 잘 안 되고 있습니다. 평균적으로 인도적 지원의 수혜자 40%정도밖에 안 된다는 것이 국제구호단체들의 통계입니다. 인도적 지원을 받는 일반 다른 나라들이 대개 마찬가지 상황입니다. 100% 투명하게 지원된다는 것은 불가능한 이상일 뿐입니다.

10만 명의 무역상들이 오고 가는지는 잘 모르겠습니다만, 화교 3만 명이 북중 사이에 존재하는 것으로 알고 있습니다. 이들이 활발하게 북중 변경 무역 활동을 하고 있으며, 이들을 통해 사회적, 문화적 변화를 일으키고 있습니다. 그래서 서울대 통일연구소에서는 이들의 중요성을 인지하고 조만간 북중 간 사회문화적 네트워크 즉 휴먼 네트워크(human network)를 조사하려고 합니다. 그것이 파악된다면 북한의 변화를 예측할 수 있을 것입니다.

제2부
북한종교정책 변화 전망과
김정일 이후의 선교

주제발표
류성민(한신대 종교문화학과 교수)

지정토론
김흥수(목원대 신학대학 교수)
신경규(고신대 선교대학원 교수)
한화룡(백석대 교수)
이반석(모퉁이돌선교회 국제총무)

발제 및 토론자 소개

류성민

1991년 서울대에서 종교학 박사학위를 받은 후 1995년부터 현재까지 한신대 종교문화학과 교수로 재직하고 있다.『북한종교연구』등 저서와 북한종교와 관련된 다수의 논문을 발표하여 이 분야에 독보적인 존재로 인정받고 있다.

김흥수

1998년 서울대 종교학과에서 박사학위를 취득하고 목원대학에 1989년 임용되어 교수로 재직해오다가 2003년부터 동 대학교 신학대학 학장으로 있다. 한신대, 보스턴대, Baylor대학에서 석사학위를 취득했다.

신경규

1998년 Reformed Theological Seminary에서 신학박사학위를 받았고 고려대에서 경영학 박사학위를 받았다.

한화룡

1996년 Westminster Theological Seminary에서 도시선교학 박사학위를 받았고 백석대 신학대학원 교수로 재직하고 있다.

이반석

모퉁이돌선교회 국제총무이며, Fuller Theological Seminary에서 선교학 박사학위를 받았다.

제 2 주제

북한종교정책 변화 전망과
김정일 이후의 선교

I. 주제 발표

류성민(한신대 종교문화학과 교수)

1. 들어가는 말

북한의 종교정책을 가늠할 수 있는 북한 내부의 근거로는 헌법을 비롯한 북한의 법령에 나타난 종교 관련 내용과 김일성 주석과 김정일 위원장의 저작들에 나타난 종교 관련 내용, 그리고 북한에서 발간된 사전류와 종교 관련 내용이 포함된 일부 문헌들 및 북한종교 관련 단체들의 조직과 활동 등이 있다. 이러한 근거들을 분석하여 보면 북한종교정책의 기조를 세 가지로 정리할 수 있다.[1] 첫째는 신앙의 자유에 대한 보장 선언, 둘째는 '통일전선'

---

1) 졸고, "김일성 주석 사후 북한종교정책의 변화 과정", 「종교문화연구」, 제6호(한신인문학연구소, 2004), 72쪽 이하 참조.

을 위한 남한 및 해외 종교인들과의 협력 강조, 셋째는 반종교정책의 고수이다. 비록 상호 모순되는 측면들이 있지만, 이러한 정책적 기조는 북한에서 주체사상이 확립되는 과정에서 나타난 것이기 때문에 주체사상이 북한의 유일 지도이념으로 존속되는 한 계속 유지될 것으로 보인다.

김일성 주석 사후 김정일 정권이 등장한 이후에도 그러한 기조는 그대로 유지되고 있음을 확인할 수 있다. 1998년에 개정 공포된 북한의 헌법에서도 신앙의 자유가 그대로 명시되어 있고 종교의 긍정적 측면, 곧 인간을 소외시키는 사회에서 종교가 압박과 착취, 예속과 불평등에서 벗어나려는 인간의 욕구와 이해관계를 일부 반영하고 있을 뿐만 아니라, 마음의 평안과 안정을 주는데 기여할 수 있다고 하는 주체사상의 이해를 바탕으로 이른바 '애국적 종교인'들과의 교류는 여전히 강조되고 있다. 그럼에도 불구하고 근본적으로 종교가 '환상'이며 언젠가는 없어지고 말 것이며 주체사상에 의해 완전히 극복되었다는 주장에 의한 반종교정책 또한 여전하다.

물론 김정일 체제의 등장 이후 다소간 종교정책상 변화를 감지할 수 있는 몇 가지 요인들이 있다. 다음 장에서 자세히 살펴 볼 것이지만, 북한의 경제사정 악화, 『조선대백과사전』에서의 종교 관련 항목의 설명 변화, 문화와 예술에 대한 관심 등에서 김일성 시대와는 다른 정책적 변화를 읽을 수 있다. 그러한 변화는 북한의 기본적인 종교정책의 변화가 아니라 상황에 따른 조정 정도라고 해야 할 것이지만, 향후 북한종교정책을 예측할 수 있는 부분적 근거가 될 수는 있을 것이다.

그런데 이 글에서 관심하고 있는 것은 김정일 정권 이후의 북한종교정책이다. 김정일 정권의 종식과 그 시기 및 그 이후의 변화에 대해 예측한다는 것 자체가 매우 어려운 과제일 것이다. 무수히 많은 변수와 국내외적 역학관계를 고려해야 하기 때문에 여기서 그 문제를 다룰 수는 없을 것이다. 물론 언젠가는 그 정권도 끝나고 새로운 정권 혹은 새로운 체제가 나타날 수밖에 없다. 그것에 대해 다양한 시나리오를 만들 수 있겠지만 이 글에서는 북한이 사회주의 국가로 존속할 경우의 북한종교정책에 대한 전망에 초점을 맞출 것이다. 북한정권의 갑작스러운 붕괴를 염두에 둘 수도 있고, 남한 주도의 남북통일에 대한 전망도 가능할 수 있다고 본다. 그렇지만 누가 정권을 잡든 간에 현재의 사회주의 체제를 그대로 유지할 가능성 또한 배제할 수 없다.

그렇게 될 경우 북한종교정책에 대한 전망에 가장 큰 시사점을 중국의 종교정책에서 찾을 수 있다고 본다. 이미 북한의 종교정책에서 부분적으로나마 중국의 정책을 답습하는 경우가 있었고, 중국은 사회주의 체제를 고수하면서도 자본주의 경제체제를 상당 부분 수용하고 있으며, 그 체제에 입각한 종교정책을 펴고 있기 때문이다. 특히 북한과 같은 상호 무순적인 종교정책을 시행하면서도 나름대로 합리화하기 위한 시도를 하고 있다는 점에서도 중국의 종교정책은 북한의 향후 정책에 반영될 수 있는 가능성이 크다고 본다.

따라서 이 글에서는 먼저 김정일 체제 출범 이후의 종교정책 변화를 살펴보면서 그 후의 변화를 예상해 보고, 중국의 종교정책에 비추어 김정일 이후 북한의 종교정책을 전망하면서 그에 따른 북한선교의 방향을 제시하고자 한다.

2. 김정일 정권 등장 이후의 북한종교정책

　김정일 정권이 등장한 이후 앞서 언급한 종교정책의 기조는 유지되고 있다 하더라도 몇 가지 측면에서 다소간의 변화를 찾을 수 있다고 본다. 무엇보다도 북한의 경제 문제는 1980년대 이후 본격적으로 나타나기 시작했지만, 1990년대 후반부터 크게 확대된 주민들의 탈북현상에서 알 수 있듯이 김정일 정권 하에서 더욱 심각해졌다. 특히 핵문제로 인한 북한의 국제적 고립은 인도적 후원과 경제 원조와 같은 남한 및 외국의 지원마저 어렵게 함으로써 경제 문제가 더욱 가중되었다.

　이러한 상황에서 대외적 교류의 중요한 창구였던 북한종교계의 활용 가치는 증대될 수밖에 없으며, 그만큼 종교정책상 변화를 가져왔다. 예컨대 1990년대 초반까지는 '통일'이 북한종교단체들의 대외 및 대남 교류의 주된 명목이었고, WCC와 같은 국제적인 진보적 종교단체들과 남한의 KNCC와 같은 진보적 단체나 교단들이 주된 교류 대상이었다. 그러나 1990년대 후반부터는 종교교류의 실질적 목적이 경제적 지원이나 인도적 지원으로 나타났고, 종교와 교단, 단체들에 대한 종전의 선별적 교류가 약화되었다.

　이러한 변화의 의미는 김정일 정권 등장 이후 북한의 종교정책이 적어도 대외적으로는 정치적 목적보다 경제적 목적에 치중하고 있다는 것을 보여 주는데 있다. 물론 지금까지 북한의 대남 및 해외 종교교류가 상호 종교적 목적을 표면에 부각시켜 왔지만 김정일 정권 이전까지는 '통일전선' 구축과 같은 정치적 이해가 보다 중요한 요인이었고, 바로 그러한 이유에서 정치적 이해관계가 맺어질 수 있는 대상에 교류가 편중되어 왔다. 그러나 김정일 정권 등장 이후에는 경제적 지원이 가능할 경우 어떤 종교단체들과의 교류도 마다하지 않는 양상으로 변하기 시작했고, 종교교류에서도 실리적 관점이 크게 작용하기 시작했다.

북한 내에서 남한 및 해외의 종교적 요구나 활동에 대한 제한도 다소 약화되었다. 사찰 복원이나 신학교 건축, 러시아정교회 건립(정백사원) 등에 북한이 동의한 것도 이러한 변화와 무관하지 않다. 북한이 경제 문제를 해결하기 위해서는 불가피하게 대외관계를 개선하지 않을 수 없으며, 김정일 정권 이후에도 종교가 중요한 대외 접촉의 창구가 되는 한 정치적 이유에서의 선별적 교류보다는 경제적 실리를 우선적 기준으로 한 교류가 증가될 것으로 보인다.

다음으로는 종교에 대한 다소간의 이해 변화를 김정일 정권 등장 이후에 찾아 볼 수 있다. 1992년의 헌법 개정을 전후하여 북한의 여러 문헌들에서 종교에 대한 회기적인 이해 변화가 나타났다. 1980년대 후반까지만 해도 종교를 '반동적 세계관'이며 '억압·착취를 위한 사상적 도구' 혹은 '제국주의 침략의 주구' 등으로 규정하면서 역사적으로나 현실적으로 '막대한 해독'을 끼치고 있다고 격렬히 비난하는 문구가 여러 문헌에 공통적으로 나타났으나 1990년대에 들어서면서 그러한 표현들이 자취를 감추기 시작했다.[2)]

그러나 1990년대 후반부터는 다소 표현은 약화되었지만 1990년대 이전의 종교에 대한 이해가 다시 등장하기 시작했다. 예컨대 1995년부터 출판되기 시작하여 2002년에 30권으로 완간된 『조선대백과사전』[3]을 보면, 종교는 '비과학적 관념론'이고 미신적 요소를 지니고 있다고 설명되어 있다. 또한 과학적 지식이 부족했던 원시시대에 자연현상을 주재한다고 잘못 믿은 신이란 환상에서 종교가 발생했다는 것, 역사적으로 지배 착취계급에게 악용되었다는 것, 아직도 제국주의자들에 의해 악용되고 있다는 것 등 1990년대 이전의 문헌에 나오는 내용을 상당 부분 답습하고 있다.[4] 그리고 그러한 과정에서 주체사상에 입각하여 종교에 대한 정식적 이해를 제시하고 있는데. 크게 두 가지로 정리할 수 있다. 하나는 종교를 유물론적인가 관념론적인가, 과학적인가 비과학적인가, 합리적인가 비합리적인가, 진보적인가 보수적인가 하는 이분법적 기준에 의해 평가하고 설명하는 것이다. 기본적으로 종교는 관념론적이고 비과학적이며 비합리적일뿐만 아니라 보수적이지만 부분적으로나마 그 반대적 요소들이 있다고 봄으로써 대체적인 부정과 부분적 긍정이라는 도식을 적용하고 있는 것이다.

---

2) 이 점에 대해서는 류성민, 『북한종교연구』, 1, 2(현대사회연구소, 1992-3)를 참조.

3) 백과사전출판사 편집위원회 편, 『조선대백과사전』, 전 30권(평양: 백과사전출판사, 1995~2002). 이 사전은 권당 평균 650쪽(원고지 15,000매 분량)에 달하는 30권으로 되어 있고, 10만여 개의 표제어(올림말)가 상세히 설명되어 있는 북한 최대의 백과사전이다.

4) 『조선대백과사전』에서의 종교 이해에 대해서는, 졸고 "북한에서의 종교에 대한 이해:『조선대백과사전』을 중심으로,「종교연구」, 제42집(한국종교학회, 2006 봄)을 참고.

이러한 이분법적 기준에 근거한 평가는 주체사상을 결부시킴으로써 또 다른 하나의 정식화를 낳고 있다. 곧 인간중심적 세계관이라는 주체사상에 입각하여 신 중심적 세계관인 종교를 부정하면서도 부분적으로나마 종교에 피압박, 피착취계급의 요구와 이해관계가 반영되어 있고 역사적으로 사상과 문화의 발전에 기여한 측면도 있으며 애국적이고 진보적인 면도 있다고 보면서 종교를 전면적으로 부정해서는 안 된다는 것이다. 특히 종교는 미신과 달리 체계적이고 조직적이며 제도적이기 때문에 쉽게 없어지지도 않고 없앨 수도 없다는 것이다. 북한에서 미신은 근절되었으나 종교는 남아 있다는 주장도 같은 맥락에서 언급되고 있다.5)

지금까지 언급한 두 가지 변화를 정리하자면, 대외적으로는 정치적 목적보다는 경제적 실리에 주안을 둔 종교교류에로 전환하고 있다는 것과, 대내적으로는 종교에 대한 정식화된 이해를 통해 사회주의 체제가 인정하는 한에서만 종교를 제한적으로 허용하고자 하는 보다 분명한 입장을 정리했다고 할 수 있다. 곧 대외적으로는 다소 개방된 입장을, 대내적으로는 다소 강화된 입장을 갖게 된 것이다. 김정일 정권 이후에도 경제적 문제가 해결되지 못하고 사회주의 체제가 유지된다면 이러한 정책적 변화는 더 가속화될 가능성이 크다 하겠다.

김정일 정권 이후에 나타난 종교정책상의 또 다른 변화는 종교 관련 문화재에 대한 언급들에서 찾을 수 있다. 김정일의 저작들

---

5)『조선대백과전서』, 제9권, 654쪽.

중에서 종교 관련 언급은 주로 문화재에 대한 것들이다. 물론 김일성 체제 하에서도 종교를 부정하면서도 종교 관련 문화재는 선조들의 슬기와 재능이 반영되어 있다거나 예술적이고 문화재적 가치가 있다고 하면서 문화와 예술적 측면만을 강조해 왔고, 사찰을 복원하면서도 주민들의 문화적 휴식 공간으로서의 가치를 부각하였지만 김정일 체제 하에서 그러한 양상이 더 강화되었다.

'사당춤'을 "소박하면서도 아름다운 춤가락과 민족적 흥취가 풍만한 춤"6)이라고 격찬하고 있는 것에서 알 수 있듯이, 종교와 무관하게 문화와 예술을 평가하고자 하는, 종교와 문화·예술의 분리가 보다 더 중시되었던 것이다. 이러한 상황에서는 종교가 더 폄훼되고 부정될 가능성이 크다. 더군다나 문화재가 관광자원으로 활용될 경우 그러한 가능성은 더 커질 것이다. 관광산업을 위해서는 종교문화재의 박물관화 혹은 공연예술화가 필요하기 때문이다.

이러한 정책적 입장은 종교 자체에 대한 무시나 평가절하 혹은 몰이해와 관련이 있다고 본다. 종교적 신앙이 전제되지 않고는 창작되지도 않았을 종교문화재에서 종교적 가치와 의미를 배제한다는 발상 자체가 종교에 대한 이해 부족이나 왜곡에서 비롯되었다 할 수 있기 때문이다. 그렇기 때문에 역으로 문화예술적 차원에서의 종교교류 가능성은 더 커졌다고 볼 수 있다.

문화예술의 교류는 비정치적이면서도 관광자원으로의 활용이 용이하다는 점에서 김정일 체제 하에서 남북 교류의 중심으로 떠

---

6) 김정일, 『김정일 선집』, 제2권(평양: 조선로동당출판사, 1994), 55쪽.

오를 수 있는 것이다.[7]

〈표 1〉 2005년도 남북 종교교류 현황[8]

교류 주체	교류내용	비고
대한불교천태종	개성 영통사 복원: 기와, 단청 자료 등 지원,	20여 차례에 걸쳐 300여명의 스님, 불교신자 방북
대한불교천태종	개성 영통사 낙성식 및 천태학술대회	남북한 불교신자 500명 참석
대한불교조계종	금강산 신계사 복원사업	2007년 12월까지 복원완료 계획
한일불교복지협회	북간대첩비 반환사업: 일본으로부터 반환받아 북한으로 이전, 복원	임진왜란 시 의병장 정문부 장군의 승전기록을 담은 비
대한예수교장로회 (통합)	평양 대공강 구역에 온실과 관리사무소 건립 지원	관리동에 평양제일교회 설립
동북아복지선교회	평양 봉수 빵공장 냉동설비 지원 설치	생산능력 증가
한민족남북한선교회	평양 봉수농장에 사과과수원 조성을 위한 묘목 및 자재 지원	
대한예수교장로회 (통합) 남선교회 사단법인 기쁜 소식	평양 봉수교회 재건축 지원	조선그리스도교연맹과 합의
조국통일기도동지회	평양 칠골 교회에서 합동기도회	남북한 200여 교인 참석
기독교대한감리회 서부연회	평양 신학원 운영지원 및 교류	2001년부터 계속 추진 중
한국기독교장로회	남북공동기도회 및 성가제 개최	금강산 문화회관, 남측 200명 북측 10여명 참가

---

7) 90년대 후반부터 사회문화부분의 남북 교류 협력사업이 본격화되었고 점점 확대되고 있다. 1997년에 1건이던 사업이 매년 증가하여 2004년에는 47건으로 증가했다. 통일부 홈페이지(http://www.unikorea.go.kr) 통계자료 「월간 남북 교류 협력동향(186호, 2006. 12) 참조.
8) 통일부 편, 『2006 통일백서』(통일부 통일정책실, 2006), 153-155쪽의 내용에서 재구성.

김정일 이후에도 사회주의 체제가 유지되는 한 직접적인 종교교류보다는 이러한 간접적인 교류가 더 증대될 것으로 보인다. 사회주의 체제의 특성상 외국의 종교들에 대한 경계가 크기 때문이다.

김정일 정권의 등장 이후 다소간의 변화를 보인 종교정책은 최근의 남북 종교교류에서 확인할 수 있다. 예컨대 2005년의 남북 종교교류 현황을 보면 예전보다 훨씬 다양한 남한 종교단체들과의 교류를 확인할 수 있다(〈표 1〉 참조).

〈표 1〉에서 볼 수 있듯이, 북한의 종교단체들은 기존의 교류 대상이던 남한의 진보적 종교뿐만 아니라 보수적이고 선교를 목적으로 설립된 단체와도 경제적 지원이 병행될 경우 교류에 응하고 있는 것이다.

또한 사찰 복원이나 교회재건축 등 종교시설에 대한 지원도 실질적인 경제적 지원의 효과가 있다는 점에서 북한 당국이 마다하지 않고 있으며, 그러한 지원과 연계될 경우 일정 정도 북한 내에서의 남한 종교인들의 종교적 행사도 허용하고 있다.9) 물론 북한 주민들이 대거 그러한 종교행사에 참여하는 것은 아니다. 북한 주민을 대상으로 한 종교행사를 북한에서 대대적으로 거행하는 것은 불가능한 현실이다.

김정일 체제 하에서의 이러한 종교정책 변화는 그 이후 체제의 종교정책에 대한 몇 가지 방향을 예측하게 해 준다고 본다. 우선

---

9) 주지하다시피 이러한 종교행사를 북한에서 치를 때에도 적지 않은 경제적 지원을 하고 있으며, 방북자들을 통해 다소나마 물품판매 수익도 얻을 수 있을 것이다.

북한이 현재의 사회주의 경제체제를 고수하는 한 경제 문제를 해결하기 힘들다는 사실에서 점진적으로 자본주의 경제체제를 수용하지 않을 수 없게 될 것이라는 점을 들 수 있다. 이미 동구의 사회주의 체제가 붕괴되었고 중국과 베트남과 같은 사회주의 국가들도 자본주의 경제체제를 도입하면서 비약적인 경제발전을 하고 있다는 사실에서 북한도 불가피하게 자본주의 경제제제를 받아들일 수밖에 없다는 것이다.

대외 무역의 확대와 시장경제의 도입, 사유재산의 인정 등 중요한 자본주의 경제 운용 방식을 도입하는 것만이 북한 경제를 살릴 수 있으며 체제의 안정을 기할 수 있을 것이기 때문이다. 특히 세계의 여러 자본주의 국가들과 경제교류를 하기 위해서는 종교에 대한 고려가 필요할 것이다. 외국인들의 종교활동과 종교문화를 무시하거나 도외시한다면 경제교류도 차질을 가져올 것이며, 북한 내에서의 외국인들의 종교활동도 어느 정도는 용인해야 할 것이다.

또한 북한의 경제난 해결은 남한을 비롯한 외국의 경제적 지원 혹은 인도주의적 지원에 의존하지 않을 수 없을 것이다. 기간산업과 생산재가 절대적으로 부족하고 주민들이 기본적인 생존권의 위협을 받고 있는 북한의 현실에서 경제회복을 위한 초기 단계는 외국의 원조에 의한 도움을 받지 않을 수 없기 때문이다. 이미 북한은 종교계가 중요한 역할을 담당하고 있는 남한과 해외의 인도주의적 지원에 의해 생존권 문제를 상당 부분 해결하고 있을 뿐만 아니라 일부 기초산업에 대한 지원도 종교계에서 이루어지고 있고, 종교가 대외 접촉의 중요한 창구가 되어 있는 현재의 상황을 고려해 볼 때, 북한종교단체들의 역할과 비중이 더 커질 것이며 향후 조직의 측면에서나 종교활동에서도 보다 확대되고 유연한 입장을 취할 가능성이 크다 하겠다.

한편 북한의 대외 교류 확대는 관광산업의 가치에 대한 인식도 높여 줄 것으로 보인다. 이미 금강산 관광이 중요한 수입원으로 되고 있는 현실과, 개방되지 못한 문화재와 자연유산에 대한 외부의 관심은 북한 당국으로 하여금 북한의 경제난 해결에 관광산업이 크게 기여할 것으로 판단하기에 충분한 조건이 갖추어져 있다고 본다. 특히 문화와 예술에 대한 김정일의 남다른 배려는 그 이후 체제에서도 효과적으로 활용될 가능성이 크다고 본다. 그렇지만 문화예술과 종교를 분리시키고 전자만을 강조하는 김정일 체제 하에서의 문화정책은 그 이후에도 고수될 공산이 크다. 안내원 내지는 관리인 역할까지 담당하고 있는 북한의 스님들의 입지에서 단적으로 드러나는 그러한 정책은 북한에서 사회주의 체제가 유지되는 한 바뀌기가 쉽지 않을 것으로 본다.

그렇지만 외국과의 무역과 인적 교류 등이 확대되고 외국인들의 방북이 많아지게 될 상황에서는 현재와 같은 정책만으로는 종교와 관련된 문제를 해결하기 힘들 것이며, 불가피하게 법률을 통한 구체적인 지침들이 만들 것으로 예상된다. 그러한 법적 근거가 있어야 종교문제에 대한 외국의 요구에 대해 내정간섭을 이유로 거부할 수도 있고 북한 주민들에 대한 종교적 통제도 실효를 거둘 수 있기 때문이다.

이러한 김정일 정권 이후의 북한종교정책에 대한 전망을 고려해 보면 현재의 중국 종교정책이 많은 시사점을 줄 것으로 판단된다. 중국은 사회주의 정치체제를 유지하면서도 부분적으로나마 자본주의 경제체제를 도입하고 있을 뿐만 아니라 종교문화재가 엄청난 관광산업의 자원으로 활용되고 있고, 여러 차례의 시행착오를 거쳐 법제화로 종교문제를 해결하고 있는 중국의 종교정책은 북한이 사회주의 체제를 고수하는 한 수용할 수 있는 여지가 많을 것으로 보기 때문이다.

3. 중국의 종교정책을 통한 북한종교정책 변화 전망

북한의 종교정책 전망에서 중국의 종교정책을 고려하는 것은 두 국가가 모두 사회주의 국가로서 체제를 유지하고 있을 뿐만 아니라 지금까지 북한의 종교정책이 상당 부분 중국을 답습하는 양상을 보여 왔기 때문이며, 향후 북한에서 사회주의 체제가 계속 유지된다면 가장 유사하게 나갈 것으로 보기 때문이다.

비록 북한이 주체사상에 의거한 종교정책을 확립하여 왔고, 마르크스 식 종교이해를 부분적으로 비판하고 있지만, 사회주의 체제의 특징상 종교의 궁극적 소멸이라는 인식에 있어서는 북한과 중국이 다르지 않다. 그렇기 때문에 체제에 위협이 될 수 있는 종교의 확산이나 발전을 두 나라에서 공히 용인하지 않고 있다. 이 점은 양국 헌법의 종교 관련 조문에서 분명히 확인할 수 있다.

〈표 2〉 북한과 중국의 헌법 중 종교 관련 내용

구분	헌법 조문	비고
중국	제2장 공민의 기본 권리와 의무 제34조 중화인민공화국의 공민으로서 만 18세에 달한 자는 민족과 인종·성별·직업·가정·출신·신앙·교육 정도·재산 상황·거주 기간에 관계없이 누구나 선거권과 피 선거권을 가진다. 다만, 법에 의해 정치적 권리를 박탈당한 자는 제외한다. 제36조 중화인민공화국의 공민은 종교와 신앙의 자유를 가진다. 국가기관과 사회단체·개인은 공민의 종교의 자유를 강요할 수 없으며, 종교를 믿는 공민과 종교를 믿지 않는 공민을 차별할 수 없다. 국가는 정상적인 종교활동을 보호하여야 한다. 누구든지 종교를 이용하여 사회질서를 파괴하거나 공민의 신체와 건강을 해치고, 국가의 교육 제도를 방해하는 활동을 하여서는 아니 된다. 종교단체와 종교 사무는 외국 세력의 지배를 받아서는 아니 된다.	중화인민공화국 헌법 (1982년 제정, 1999년 수정)
북한	제5장 공민의 기본 권리와 의무 제68조 공민은 신앙의 자유를 가진다. 이 권리는 종교건물을 짓거나 종교의식 같은 것을 허용하는 것으로 보장된다. 종교를 외세를 끌어들이거나 국가사회질서를 해치는데 리용할 수 없다.	1948년 제정 (조선민주주의인민공화국 헌법), 1998년 개정 (조선민주주의인민공화국사회주의헌법)

대체로 서구 국가들에서는 종교 신앙의 자유를 인간의 기본적 권리로 인정하고 있어 어떤 조건이나 제한을 두고 있지 않으며, UN의 인권선언에서는 종교의 자유가 국가적 차원을 넘어서는 인간의 권리라는 점을 강조하고 있다.[10] 그러나 북한과 중국에서는

---

10) UN 인권선언 제2조 참조. "모든 사람은 인종, 피부색, 성, 언어, 종교, 정치적 또는 기타의 견해, 민족적 또는 사회적 출신, 재산, 출생 또는 기타의 신분과 같은 어떠한 종류의 차별이 없이, 이 선언에 규정된 모든 권리와 자유를 향유할 자격이 있다. 더 나아가 개인이 속한 국가 또는 영토

헌법적으로 종교의 자유를 국가 체제 내에서의 권리로 규정하고 있다(〈표 2〉 참조).

〈표 2〉에서 볼 수 있듯이 표현은 다소 다르지만 북한과 중국의 헌법에서 모두 국가의 사회질서를 해치거나 외세를 끌어들이는데 종교를 이용할 수 없다는 문구를 넣음으로써 신앙의 자유가 국가에 의해 제한될 수 있음을 밝히고 있다. 말하자면 사회주의 체제를 인정하는 한에서만 제한적으로 종교의 자유를 보장한다는 것이다. 종교의 자유에 대한 중국정부의 이러한 태도는 종교를 이해하는 기본적 입장과 연관되어 있다.

중국에서는 이미 1958년에 중국공산당의 종교정책에 기본이 되는 종교에 대한 규정을 발표했는데 '종교오성론'(宗敎五性論)이 바로 그것이다.[11] 첫째는 군중성(群衆性)으로 종교가 대중적 기반을 갖고 있다는 것이며, 둘째는 민족성(民族性)으로 종교와 민족이 밀접히 연관되어 있다고 본 것이다. 셋째는 국제성(國際性)으로 종교는 그 보편적 특징으로 인해 국제적 관계를 형성하게 된다는 것이며, 넷째는 장기성(長期性)으로 종교는 언젠가는 없어질 것이지만 계급과 국가보다 더 오래 지속될 수 있다고 본 것이고, 마지막 다섯째는 복잡성(複雜性)으로 위 네 가지 특성이 복합되

─────────

가 독립국, 신탁통치지역, 비자치지역이거나 또는 주권에 대한 여타의 제약을 받느냐에 관계없이 , 그 국가 또는 영토의 정치적, 법적 또는 국제적 지위에 근거하여 차별이 있어서는 아니 된다."

11) 종교오성론은 1958년 '全國宗敎工作會議'에서 공식적으로 발표된 것으로, 그것에 대해서는 中國宗敎事務管理百科全書 編委會 편, 『中國宗敎事務管理百科全書』上卷(吉林音像出版社 發行部, 2003), 197-210쪽과, 李平曄, "當代中國宗敎槪況", 張志剛 主編, 『宗敎硏究指要』(北京: 北京大學校出版社, 2005), 377쪽 이하 참조.

어 있기 때문에 종교를 가볍게 취급해서는 안 된다는 것이다.

　기본적으로는 중국 공산당이 종교를 인정할 수 없지만 종교의 특성상 단시일 내에 강제적인 방법으로 종교를 없앨 수 없다고 여긴 것이다. 문화혁명을 통해 종교에 대한 대대적 박해와 근절을 하려 했음에도 불구하고 그 실패를 자인한 중국정부는 1990년대에 다시 한 번 종교에 대한 기본 입장을 밝히게 되는데 그것이 곧 강택민 주석의 담화에서 언급된 강삼점(江三點)이다.[12] 그 첫째는 종교 신앙의 자유 정책을 확실히 집행하는 것이고, 둘째는 법에 의한 종교 사무를 강화하는 것이며, 셋째는 종교를 사회주의 체제에 상호 적응할 수 있도록 하는 것이다.

　중국 정부와 공산당은 종교오성론과 강삼점을 기본으로 하여 종교정책을 펴고 있다. 우선적으로 중국은 앞서 언급한 헌법을 비롯하여 여러 종교 관련 법령을 통해 중국이 신앙의 자유를 보장하고 있다고 선언하고 있다. 종교의 자유에 대한 명시적 규정이 없이는 국제사회에서 명분을 가질 수 없다는 인식이 있기 때문이라 할 수 있을 것이다. 종전의 헌법(1931년 제정, 제13조)에 있던 '반종교선전의 자유'란 문구가 삭제된 것도 같은 맥락에서 이해할 수 있다. 그러나 중국 공산당에서 종교를 인정하지 않는 기본적 입장은 종교를 가진 사람이 공산당원이 될 수 없는 것에서 볼 수 있듯이 계속 유지되고 있다.[13]

---

12) 이에 대해서는 國務院 宗敎事務局 編, 『新時期宗敎工作文獻選編』(北京, 宗敎文化出版社, 1995), 253-255쪽 참조.
13) 예외적으로 대다수 주민이 종교를 믿고 있는 소수민족의 경우 그 대표자는 종교를 믿고 있어도 당원이 될 수 있다.

중국에서 종교 신앙의 자유에 대한 명시적 인정과 종교 자체에 대한 불인정이라는 모순은 종교에 관한 법령을 통해 해결하려고 하려는 것으로 보인다. 중국정부는 최근의 '종교사무 조례'(국무원령 제426호, 2005. 3. 1 시행) 및 '종교활동 장소 설립 심사 비준 및 등기방법'(국가종교사무국령 제2호, 2005. 4. 21 시행) 등과 같은 행정법규와 규장(規章)을 계속 공포하여 왔고, 공산당 중앙위와 국무원 문건 등을 통해서도 종교에 대한 입장을 표명하여 왔다. 그러한 법령과 문건들을 통해 종교를 국가가 '관리'함으로써 종교가 체제에 위협이 되거나 방해가 되지 못하게 하는 선에서 종교의 자유를 인정하는 잠정적 태도를 견지하고 있는 것이다.

특히 최근 관심이 되고 있는 '종교사무 조례'는 사실상 기존의 법령을 종합적으로 정리한 것으로 현행 중국의 종교정책을 잘 보여 주고 있으며, 향후 각 지방정부에서도 그 내용을 답습한 조례를 공포할 것이기 때문에 자세히 살펴볼 필요가 있다.14) 총 7개 장(章)의 48개 조항으로 되어 있는 이 조례에서는 종교의 자유보장과 더불어 '정상적' 종교활동에 대한 보호를 명시하고 있다. 그러나 종교가 '국가의 통일과 민족단결, 사회 안정을 수호해야 한다.'고 규정(제1-3조)함으로써 종교활동이 정상적인이지 아닌지를 판단하는 근거로 삼고 있을 뿐만 아니라 종교 본연의 활동 이외에 통일과 민족단결, 사회 안정과 같은 정치·사회적 의무까지

---

14) 趙匡爲, "現行宗教政策法規", 張志剛 편, 앞의 책, 434-435쪽 참조. 이 글에서는 이 법을 "건국 이후 최초이며 법제화의 진보"라고 평가하고 있다.

부과함으로써 종교를 철저히 국가의 관리 하에 두겠다는 의지가 분명히 표명되어 있다. 이러한 규정은 종교단체의 출판물 관련 규정(제6조), 종교활동 규정(제12-14조), 종교 교직자의 등록(제27조), 종교재산의 등록과 수지보고(제36조) 등 모든 종교활동이 국가의 감독과 감시 하에 두는 조항들에 의해 뒷받침되고 있다. 특히 대형 종교활동에 대한 제한(제40조)에서는 문제가 될 경우에 현장에서 처벌할 수 있도록 되어 있고 종교단체와 종교활동의 책임자를 바꾸거나 벌금부과와 같은 처벌이 가능(제43-44조)하도록 되어 있어 사실상 국가에서 지원하지 않는 한 대형 종교활동은 불가능하다.

또 다른 하나의 주요 법령으로는 '중화인민공화국경내 외국인 종교활동 관리규정'(국무원령 제144호, 1994. 1.31 시행)과 그 시행세칙(국가종교사무국령 제1호, 2000. 9.26 시행)이 있다. 이 법령들은 헌법상 규정된 "종교단체와 종교사무는 외국 세력의 지배를 받아서는 아니 된다"라는 내용과 관련이 있는 것으로, 외국인은 지정된 종교활동 장소에서만 종교활동을 할 수 있고 성·자치구·직할시 이상의 종교단체가 요청을 할 때만 강론이나 설교를 할 수 있을 뿐만 아니라(제3조) 외국인이 중국에 들어올 때는 본인이 사용하는 종교용품만을 가지고 들어오도록 되어 있어(제6조) 실제로 외국의 선교단체가 중국에서 선교활동을 하는 것이 원천적으로 봉쇄되어 있다. 심지어 외국인은 중국에서 종교단체와 종교활동, 종교학교 등을 개설할 수 없도록 되어 있다(제8조). 어떠한 경우라도 외국인이 중국에서 선교활동을 할 수 없도록 해

놓은 것이다.

중국정부는 이러한 종교정책을 시행하기 위해 국무원의 직속기구로 '국가종교사무국'을 두고 있다.[15] 국장 1명과 3명의 부국장 및 수백 명의 직원으로 구성된 대규모 조직인 '국가종교사무국'은 종교이론과 종교정책 연구를 비롯하여 각 종교 관련 사무와 종교 관련 외교업무, 잡지사와 출판사, 연구기관 등을 두루 갖추고 있으며, 성과 자치구. 직할시별로도 종교사무국이 설치되어 전국적인 조직망을 이루고 있다. 종교와 그 활동에 관한 한 국가가 전면적으로 관리하고 감독·감시하고자 하는 정책적 의도가 이러한 기구의 설치로 나타났다고 하겠다.

중국의 종교인구가 공식적으로는 전체 인구의 10%도 안 된다고 하면서도 이러한 정책을 펴는 것은 종교에 대한 사회주의적 인식이 있기 때문이고, 중국이 사회주의 체제를 유지하는 한 변하기 힘든 상황이라고 할 수 있다. 중국에서는 중국의 종교를 5대 종교로 명명하고 있다. 전통적인 종교로서의 불교와 도교, 그리고 이슬람교와 개신교(기독교)와 천주교 등이 그것들인데, 유교를 종교로 보지 않기 때문에 중국이 종교현황에서 배제된다. 불교와 도교의 인구에 대해서 공식적으로 밝히지 않고 있지만, 종교 인구를 약 1억 명으로 추산하고 있는 공식적인 언급들[16]에서 보면 대략 6,000~7,000만 명의 불교와 도교 신자들이 있다고

---

15) 국가종교사무국의 공식 홈페이지(www.sara.gov.cn) 참조.
16) 李平曄, 앞의 글, 377쪽 이하; 중국 종교 사무관리 백과전서 편위회 편, 앞의 책, 197-210쪽; 국가종교사무국 홈페이지 '중국종교개술' 편 등 참조.

할 수 있다. 이슬람교 신자들은 1,800~2,000만 명으로 보고 있는데, 그것은 이슬람교를 믿는 10개의 소수민족 수를 모두 합친 숫자이며, 천주교 신자는 약 400만 명으로 보고 있다. 그리고 기독교(개신교) 신자는 대략 1,000만 명에서 1,600만 명 정도로 파악하고 있다. 물론 중국정부에서는 인정하고 있지 않지만 개신교와 천주교의 지하교회들도 수백만 명 이상의 신자가 있는 것으로 밝혀지고 있다. 그러나 이러한 모든 종교 인구를 다 합해도 1억 명을 조금 넘는 수치이며, 13억 중국 인구 중 종교인구 비율은 북한 다음으로 전 세계에서 가장 낮다고 할 수 있다. 그러나 후한 말 '황건적의 난'에서부터 청나라 말기의 '태평천국의 난'에 이르기까지 종교 결사가 체제에 위협을 주었던 역사적 경험과, 사회주의 체제의 반종교적 성향은 종교에 대한 중국 정부의 강력한 '관리' 정책으로 나타났다고 본다.

그렇다고 기존의 종교를 전면 부정할 수도 없고 없앨 수도 없을 뿐만 아니라 종교의 자유를 명시적으로 표명하지 않을 수 없는 국제 관계를 염두에 둔다면 현실적으로 기존의 종교를 적극적으로 활용하려는 정책을 병행할 수밖에 없다고 본다. 이미 1950년대 초반에 자치(自治), 자양(自養), 자전(自傳)의 이른바 '삼자'(三自) 원칙에 따라 종교별 조직을 구성,[17] 사회주의 체제에 협조하도록 했고, 국무원 직속기구인 국가종교사무국의 업무에 "종교계 인사들이 애국주의와 사회주의를 위해 일하는 것을 지지하고,

---

17) 현재 전국적인 종교조직으로는 중국불교협회, 중국도교협회, 중국이슬람교협회, 중국천주교애국회, 중국천주교주교단, 중국기독교협회, 중국기독교삼자애국운동위원회 등이 있고, 지역별로 그 하부조직들이 있으며, 그 단체들이 모두 중국정부에서 공식적으로 관리하는 것들이다.

조국통일과 민족단결을 위한 자아(自我)교육을 옹호하며, 많은 신도대중들을 단결하고 동원하여 개혁·개방과 경제 건설 사업을 하도록 한다."18)고 하는 내용을 포함하여 기존의 종교들을 적극 활용하기 위한 정책을 펴고 있음을 알 수 있다.

최근 중국 국무원의 국가종교사무국을 포함하여 사회과학원 및 여러 대학의 종교 관련 연구기관에서 종교에 대한 연구를 진작시키고 있는 것도 종교에 대한 국가적 관리의 측면에서 이해할 수 있다. 예를 들면, 중국사회과학원 학술위원회에서는 모든 분야에서 21세기 초 중국이 당면한 중대 이념과 대책 문제를 100개로 정리, 중점 연구 주제로 삼았는데 그 중 다음과 같은 4개의 종교 관련 과제가 포함되어 있다.19)

① "중국 사회주의 시장경제 조건 아래에서의 신앙문제 연구"(中國社會主義市場經濟條件下的信仰問題研究)

② "중국 사회주의사회 안에 있는 종교의 특성과 위상 및 영향(宗敎在我國社會主義社會中的性質, 地位与作用)

③ "중국 현대사회에서의 주요 종교문제와 종교의 발전 추세 및 대책 연구"(我國當代社會中宗敎的主要問題, 發展趨勢及對策研究)

④ "세계종교 발전 추세 연구"(世界宗敎發展趨勢研究)

---

18) 중국종교사무국 공식 홈페이지에 소개되어 있는 내용임.
 (www.sara.gov.cn./GB/jqdgy) 참조.
19) 중국 사회과학원학술위원회 편, 『21世紀初中國面臨的重大理論和對策問題』(북경: 社會科學文獻出版社, 2003).

이러한 중국정부 차원의 중점과제들(①②③)에서 알 수 있듯이, 중국은 사회주의 체제를 고수하는 한 종교가 중요한 사회적 문제로 부각될 것이란 점을 인식하고 그에 대한 대책 연구에 심혈을 기울이고 있는 것이다.

요컨대 중국은 종교의 자유라는 명목적 선언과 국가에 의한 법적, 제도적 종교 관리 및 종교문제에 대한 적극적 대처, 그리고 그러한 목적에서의 국가 주도적 종교연구를 종교정책의 핵심으로 한다고 볼 수 있다.

그런데 이러한 중국의 종교정책은 북한의 종교정책과 상응하고 있는 면이 적지 않다. 무엇보다도 앞서 언급한 바와 같이 헌법상 '반종교선전의 자유'라는 문구의 삭제와 종교의 자유에 대한 명시, 사회주의 체제 내에서의 종교활동 제한 및 외세에 대한 경계는 북한과 중국이 거의 동일한 정책적 기조라고 할 수 있다. 다음으로 기존의 종교조직을 체제를 위해 활용하고자 하는 점에서도 북한과 중국의 태도가 일치한다. 북한정권 초기에 만들어진 조선그리스도교연맹, 조선불교도연맹, 조선천교교회 중앙지도위원회 등 여러 종교단체들이 1980년대부터 활동을 재개하고 조선 카톨릭 협회, 조선종교인협회 등 새로운 종교단체들이 만들어진 것도 종교의 활용 가치에 대한 인식에서 비롯된 것이라 할 수 있다.

종교인구 비율이 중국보다도 훨씬 적고 아직 개혁과 개방이 이루어지지 않은 북한의 현실에서는 종교 관련 법령이나 종교 관련 국가 기관을 둘 필요성이 크지 않으며, 전문적인 종교연구도 추진되기 어려울 것이다. 그렇지만 향후 어느 정도 개혁과 개방이 이루어진다면 종교 관련 법령의 제정과 국가 기구를 통한 종교의 제도적 관리가 요청될 것으로 본다. 그러한 것들은 사회주의 체제가 유지되는 한 불가피한 조처이기 때문이다.

끝으로 중국의 종교정책과 관련하여 국가의 강력한 관리와 통제 하에서 생겨날 수밖에 없는 지하 종교 현상을 지적하고자 한다. 예전의 소련과 동구 등 사회주의 국가들에서와 마찬가지로 실제적인 종교의 자유에 대한 억압이 존재하는 한 종교의 지하화는 자연스러운 현상일 수 있다. 더군다나 외국의 선교나 포교가 금지되어 있는 중국의 현실에서는 대부분의 외국인들의 종교활동이 지하로 들어갈 수밖에 없으며, 그 확산도 시간문제일 뿐이다. 이미 중국 정부에서도 부인하지 못하는 무수한 지하의 종교단체들이 중국 내에 존재하고 있으며, 특히 기독교 선교사들의 활동은 빈번히 국가의 감시망에 포착될 정도로 활발하게 진행되고 있다. 북한도 마찬가지이다. 순교의 자세로 임하고 있는 선교사들의 활동을 모두 막을 수 없으며, 기독교의 세계 전파가 상당 부분 그리힌 활동을 통해서 이루어졌다는 역사적 사실 또한 인정하지 않을 수 없다. 그러나 중요한 점은, 그러한 지하 종교활동을 위해서도 중국과 북한의 종교정책에 대한 정확하고 풍부한 이해가 필요하다는 것이다. 순교를 위한 순교, 무지로 인한 제약에 빠지지 않을 수 있는 지혜가 필요한 것이다.

4. 김정일 정권 이후의 북한종교정책과 북한선교

북한의 종교정책 기조와 김정일 정권 등장 이후의 변화 및 중국의 종교정책으로부터 유추할 수 있는 향후 북한종교정책의 향방 등을 고려하여 김정일 정권 이후의 북한종교정책과 북한선교의 방향에 대해 살펴보고자 한다.

북한의 종교정책을 전망하거나 북한선교를 하고자 할 때는 장기적이고 단계적인 접근을 해야 한다는 것을 우선적으로 언급할 필요가 있다고 본다. 물론 예기치 못한 사건이나 사태로 인해 북한 체제가 갑자기 붕괴될 수도 있고 남한 주도의 통일도 전혀 배제할 수는 없겠지만, 그러한 기대를 갖고 북한종교정책을 분석하고 북한선교를 시도하는 것은 비현실적일 뿐만 아니라 무모할 수도 있다. 북한의 갑작스러운 붕괴가 북한선교의 여건을 개선하는 방향으로 나갈지도 알 수 없으며, 남한 주도적 통일도 장담할 수 없기 때문이다. 오히려 북한선교에 있어서도 주어진 현실을 면밀하고 정확하게 분석, 이해하면서 현실적으로 가능한 노력을 해야 최선의 결과를 얻을 수 있다고 본다. 김정일 이후에도 북한에 계속 사회주의 정권이 유지될 가능성이 크다고 보는 것과 중국의 종교정책에서 시사점을 찾고자 하는 것도 같은 맥락이다.

중국이 사회주의 체제를 유지할 수 있는 중요한 요인 중의 하나가 경제성장에 있다고 본다. 곧 경제적 성장을 하나의 배경으로 하여 체제의 안정을 도모하고 있다고 할 수 있다. 반면 북한의 위기는 바로 경제적 위기가 핵심이라 해도 과언을 아닐 것이다. 그렇기 때문에 김정일 정권 이후에도 체제의 안정을 위해서도 불가피하게 경제적 성장을 도모할 수밖에 없으며, 현실적으로 외부적 지원이나 원조가 절실히 요청되는 현실이라고 본다. 그리고 바로 그러한 현실을 북한선교에서 적절히 고려할 필요가 있는 것이다. 앞서 살펴보았듯이 남북의 종교교류는 경제적 지원이 보다 중요한 조건이 되고 있다. 어떤 형태로는 경제적 실리가 보장되는 한에서만 종교교류도 원활하게 이루어질 수 있으며, 북한에서의 제한적인 종교활동도 용인되고 있다. 특히 남한 종교계에서 시행하고 있는 다양한 인도적 지원은 종교 본연의 모습을 보여주는 것으로서 종교에 대한 북한 주민의 부정적 인식을 바꿀 수도 있다는 점에서 매우 바람직한 활동이 할 수 있다. 아낌없이, 아무런 조건도 없이 순수한 인도적 차원에서 생존의 위기에 처한 사람들 돕는 것이야말로 신앙인이 할 수 있는 중요한 선교활동이라고 본다. 물론 그러한 지원이 사회주의 체제를 영속화시키는 것이라고 반론을 제기할 수 있을 것이다. 하지만 그러한 주장은 단견(短見)이라고 본다. 어떤 체제이든 정권이든 그 실제적 위기와 몰락은 경제적 위기에서 비롯되는 것이라기보다는 부정과 부패, 내부 분란에 의해 야기되는 것이기 때문이다. 단기적으로는 경제발전이 체제이 안정을 가져오는데 도움이 될 수 있겠지만 장기적으로 체제내의 모순과 부조리가 보다 실질적이고 심각한 위기의 원인이 되는 것이다.

다음으로 북한선교의 다각화, 특히 문화예술 분야 교류와의 접목이 필요하다고 본다. 기독교의 세계전파 역사에서 분명히 볼 수 있듯이 선교사들은 교육, 의료, 기술, 스포츠, 문화예술 등 다양한 매개를 통해 기독교의 복음을 전하였다. 그러한 매개는 복음을 전하는 지역에 대한 이해를 바탕으로 한 것이었기 때문에 효과적일 수 있었다고 본다. 피선교지의 역사와 문화, 그리고 현실에 대한 정확한 이해에 기초하여 보다 효과적인 선교의 방법을 찾는 것이 필요한 것이다. 비유하자면, 거름을 뿌리고 복음의 씨를 심은 것이다.

사회주의 국가는 앞서 언급했듯이 종교 자체를 인정하지 않은 이데올로기적 기반 위에 세워져 있기 때문에 종교의 입지가 매우 취약하다. 중국과 북한이 외국인들의 중국내 종교활동을 원천적으로 금지하는 것이나 대외적 종교교류에 거부감이 큰 것도 그러한 사회주의 이데올로기 때문이다. 종교에 관한 한 척박한 자갈밭과 같은 곳들이라 할 수 있는 것이다. 그렇기 때문에 인도주의적 지원도 필요하겠지만, 그에 못지않게 문화예술을 통한 다양한 선교의 방법을 모색할 필요도 있다. 외부로부터 오랫동안 고립되어 있었고, 내부적으로는 문화예술을 중시하여 왔다는 점에서 외부의 문화예술의 북한 유입은 북한의 변화에 큰 영향을 줄 것이며, 그 영향이 선교에 도움을 줄 것이라고 본다. 물론 외부의 문화예술에 대한 북한의 거부감을 예상할 수 있겠지만 종교에 대한 것만큼 크지는 않을 것이며, 수용력도 강할 것이라고 본다.

셋째로, 중국선교와 연계된 북한선교의 필요성을 지적하고자 한다. 현재 북한이 외교적으로나 경제적으로 가장 크게 의존하고 있는 국가가 중국이다. 앞서 살펴보았듯이 종교정책에 있어서도 북한은 상당부분 중국을 답습하고 있고, 향후 북한이 사회주의 체제를 유지하는 한 중국의 종교정책을 뒤따를 가능성은 더 크다 하겠다. 따라서 중국선교의 경험을 북한선교에 원용할 필요성이 있다고 본다. 이미 많은 선교단체들이 중국선교를 하고 있으며, 가끔 한국과 중국의 외교 문제로까지 비화되는 사건들이 있는 것에서 알 수 있듯이 적지 않은 문제를 드러내고 있다. 아마도 그러한 문제들의 가장 중요한 요인은 중국의 현실, 특히 종교정책에 대한 이해 부족과 무모한 활동에 있다고 본다.

최근 중국은 법제화를 통해 종교에 대한 국가의 관리와 감시 및 감독을 강화하고 있다. 모든 종교 관련 사안을 법을 통해 관리하고 법의 테두리 안에서만 종교활동을 보장하고자 하는 강력한 정책을 펴고 있는 것이다. 법적 규정을 통해 종교의 자유 침해에 대한 외국의 비난이나 압력에 대해서도 내정 간섭과 법치의 명목으로 대처하고자 하는 것이다. 그렇기 때문에 중국선교에서도 법의 내용과 적용 사례에 대한 면밀한 연구가 필요하며, 동시에 중국의 종교 역사와 현실 및 문화 전반에 대한 폭넓은 이해가 필수적이라 할 수 있다.

북한이 김정일 이후에도 사회주의 체제를 유지하게 된다면 종교 관련 법령을 제정할 가능성이 크다고 본다. 그리고 그 본보기를 중국에서 찾는 것이 상례일 것이다. 그렇다면 중국선교의 경험이 북한선교에 크게 도움이 될 것이다. 현행 중국의 종교 관련 법에서 가장 강력하게 금지하고 경계하는 것이 종교가 체제에 위협을 주거나 외국의 영향을 받는 것이라는 사실은 과시적이고 양적인 성장에 치중하는 중국선교가 얼마나 무모한 것인지를 여실히 보여주고 있으며, 그러한 사정은 김정일 체제 이후에도 마찬가지일 것이다.

이와 관련하여 마지막으로 지하교회를 중심으로 한 중국선교와 북한선교에 대해 언급하고자 한다. 국가에 의한 종교 관리와 통제가 있는 한 지하 종교의 양산은 불가피하며 오히려 자연스러운 현상일 수 있다. 종교 신앙은 항상 국가적 통제와 경계를 넘어서는 것이 역사적 진실이기 때문이다. 중국에 무수한 지하교회들이 있고 지하 신앙공동체가 형성될 수밖에 없는 것도 바로 그러한 이유라고 할 수 있다. 국가가 공식적으로 인정하는 종교단체들과의 공식적 교류를 통해 중국선교를 하는 것도 도외시할 수는 없겠지만, 오히려 이러한 지하교회를 거점으로 하는 중국선교가 더 실질적이고 의미 있는 선교가 될 수 있다.

다만 몇 가지 주의를 해야 할 것들이 있다. 우선 조급하게 성과를 거두려는 태도가 지양되어야 한다. 얼마나 많은 사람들에게 전도하고 얼마나 많은 지역에 선교사를 보내는가 하는 실적 위주의 선교보다는 단 한 곳이라도 단 한 사람이라도 진정으로 복음을 받아들이고 신실한 신자가 되게 하는 것이 더 중요하다고 인식하는 것이 필요하다고 본다. 또한 선교사들에 의한 직접 선교보다는 현지인을 통한 간접 선교를 지향하는 것이 보다 장기적인 안목에서 효용이 더 클 것으로 본다. 곧 여건 조성과 지원에 초점을 맞추는 선교가 필요한 것이다. 가능하다면 현지인을 국내로 초청, 선교사로 교육시키는 것도 좋을 것이다. 그리고 앞서 언급한 것이기도 하지만 지하 선교에 있어서도 다각적인 방식이 도입될 수 있어야 한다고 본다. 의료와 교육, 문화예술 등 여러 매체들이 선교의 여건 형성에 도움을 줄 수 있기 때문이다.

현재 북한선교에서는 사실상 중국에서와 같은 지하 선교마저 용이하지 않다. 몇몇 루트를 통해 성경과 전도지를 전달하는 것조차 힘들 뿐만 아니라 직접적인 선교는 거의 불가능한 현실이다. 그렇지만 현실적으로 가능한 방법들이 없는 것은 아니다. 인터넷, 방송 등 미디어를 통한 선교는 국경을 넘기가 용이하고, 앞서 언급한 문화선교나 다양한 간접적 방식으로의 선교, 성경과 전도 문서를 전달하기 위한 방법의 개발 등도 가능하다고 본다. 김정일 정권 이후에는 그러한 선교의 가능성이 더 커질 것으로 예상되며, 그에 대비한 준비가 필요할 것이다. 적어도 현재의 중국과 같은 상황에서 북한선교를 할 수 있을 때를 대비하는 지혜가 있어야 한다는 것이다.

5. 맺는 말

지난 1990년대를 전후하여 무수한 북한선교단체들이 생겨났고, 개별 교회에서도 북한선교위원회를 두는 등 북한선교에 대한 관심이 고조되었었다. 그러나 최근에는 북한선교보다는 동남아시아와 아프리카 등 북한 이외의 지역에 대한 해외 선교가 더 활발한 양상이다. 이름뿐인 북한선교단체들도 많을 뿐만 아니라 아예 북한선교를 포기한 단체들도 적지 않다. 아마도 북한선교에 대한 열기가 식은 가장 중요한 요인이 가시적 성과가 없는데 있을 것이다. 교회가 설립되고 신자가 늘어나는 등 선교사들의 활약상이 낱낱이 알려지는 해외선교와는 달리 북한선교는 선교 사실 자체를 감추거나 인도적 지원에 머물 수밖에 없는 경우가 허다하기 때문에 지속적이고 변치 않는 선교를 하기가 힘들다. 중국선교도 북한보다는 용이하다 할지라도 외국인의 선교나 종교활동 자체를 금지하고 제한하는 중국의 종교정책 때문에 큰 어려움을 겪고 있다.

이러한 사실에서 볼 때 중국선교나 북한선교 등 사회주의 국가들에 대한 선교는 전혀 다른 시각과 방법에서 시도될 필요가 있다. 곧 원천적으로 선교가 허용되지 못하는 지역에서의 선교이며, 위험과 시련을 겪어야 하는 지난한 선교라는 인식이 필요한 것이다. 그렇기 때문에 무엇보다도 가시적 성과를 얻으려 하거나 과시하기 위한 선교는 지양되어야 한다. '조용한' 선교, 선교 사실 자체가 드러나지 않는 선교가 되어야 한다는 것이다. 선교의 씨를 뿌리는 것은 선교사이지만 기르고 거두시는 분은 하나님이라는 믿음의 확신이 필요한 선교가 북한선교이며 중국선교라고 본다.

특히 북한선교에서는 보다 장기적이고 단계적인 선교 전략이 필요하다고 본다. 현재 할 수 있는 선교의 방법과 전략, 향후 중국선교 정도의 선교가 가능할 때의 선교 전략, 그리고 동남아의 국가들에 대한 선교와 같은 선교를 할 수 있을 때의 전략 등을 구분, 단계적으로 실행해야 할 것이다. 섣부른 선교가 그나마 할 수 있는 선교마저 못하게 하는 우를 범할 수 있다는 점을 명심해야 한다고 본다.

현 시점에서 김정일 정권 이후의 북한선교를 계획한다면 중국 선교를 원용할 수 있는 여지가 많다고 할 수 있다. 북한 체제가 향후 중국체제를 상당 부분 수용할 가능성이 크기 때문이다. 앞서 언급한 매체들을 통한 간접선교, 지하교회를 거점으로 한 선교, 문화예술을 활용한 선교 등 현재 중국선교에서 가능한 방법들을 북한선교전략으로 계획하는 것이 필요할 것으로 본다. 또한 그러한 중국선교에 있어서 중국의 종교정책에 대한 정확한 이해와 중국 문화 전반에 대한 해박한 지식 등이 절실히 요구되는 것과 마찬가지로 북한의 종교정책과 그 현실, 향후 방향에 대한 점검 등이 함께 고려되어야 할 것이다.

예년과 마찬가지로 2006년의 미 국무부의 '국제종교자유보고서'(International Religious Freedom Report 2006)에서도 북한과 중국을 모두 '특정 우려 국가(Country of Particular Concern)'로 지정하였다.[20] 두 나라의 헌법에 종교의 자유가 모두 명시되어 있지만, 실질적으로 종교의 자유가 제한되어 있고, 국가에 의한 관리와 감시·감독뿐만 아니라 종교인들, 특히 국가기관에 등록하지 않은 종교단체에 소속한 종교인들과 허가를 받지 않은 장소에서의 종교활동에 대해 엄한 처벌이 내려지고 있다는 내용도 이 보고서에 포함되어 있다. 물론 중국보다는 북한에서 훨씬 더 그 강도가 강하며, 북한에서는 진정한 의미의 종교의 자유가 없다고 단언하고 있다. 그럼에도 불구하고 중국 종교사무

---

20) 미얀마, 중국, 에리트리아, 이란, 북한, 사우디아라비아, 수단, 베트남 등 8 나라가 이 보고서에서 특정 우려국가로 지정되었다. 이 보고서 원문은 2006년 9월에 발표되었고, 미 국무성 공식 홈피(www.state.gov)에 수록되어 있다.

국에서는 이 보고서를 반박하면서 중국에 종교의 자유가 완전히 보장되어 있다고 강변하고 있으며, 북한도 마찬가지이다. 말하자면 종교의 자유에 대한 인식이 전혀 다른 것이다. 이러한 인식 차이를 중국선교와 특히 북한선교에서 염두에 두어야 한다. 체제 차이를 인식하지 못하는 한 중국선교도 북한선교도 허사가 되기 십상인 것이다.

　북한의 우리 한민족도 자유롭게 신앙생활을 할 수 있고 자유롭게 복음을 전파할 수 있는 날이 올 것이다. 그러나 그 때는 하나님만이 아실 것이다. 우리가 해야 하는 것은 그 때까지 우리에게 부과된 선교의 사명을 다 하는 것이며, 그 사명감을 가진 사람에게 하나님이 지혜를 주실 것이다.

제2주제
북한종교정책 변화 전망과
김정일 이후의 선교

Ⅱ. 지정 및 청중토론

1. 사회: 유석렬

류성민 교수님은 발제에서 먼저 김정일 체제 출범 이후의 종교정책변화를 살펴보면서 그 후의 변화를 예상해 보고 중국의 종교정책에 비추어 김정일 이후 북한의 종교정책을 전망하면서 북한선교의 방향을 제시했습니다.

류 교수님의 발제 중 특기할 사항은 첫째, 북한과 중국은 사회주의 체제를 인정하는 한에서만 제한적으로 종교의 자유를 허용하고 있고 기존의 종교조직을 사회주의 체제를 위해 활용하고 있는 것, 둘째, 중국과 북한에서 지하의 종교단체들이 활동하고 있다는 것, 셋째, 인도적 차원에서 아낌없이, 조건 없이 굶주리는 사람들을 도와야 한다는 것, 넷째, 과시적이고 양적인 교회성장에

치중하지 말라는 것, 다섯째, 현지인을 통한 간접선교와 장기적
안목이 필요하다는 것, 마지막으로 가시적 성과에 연연하지 말고
'조용한 선교'를 해야 한다는 것을 주장하셨습니다.

순서에 따라 먼저 김흥수 교수님 토론하시지요.

2. 토론 : 김흥수(목원대 신학대학 교수)

남쪽 사회에서 북한종교를 연구하기 시작한 것은 1980년대 후
반부터로, 약 20년 정도 되었습니다. 1980년대 고태우 선생님께
서 북한종교에 관한 연구서를 내시고 1990년대 들어와서 북한종
교연구자들이 여러 명 등장하기 시작했습니다. 그 중에 가장 빨
리 북한종교를 연구한 분이 류성민 박사님입니다. 1992년에 류성
민 교수님이 『북한종교연구』라는 보고서를 책자로 내셨습니다.
저도 1992년 같은 해에 『해방 후 북한교회사』라는 책을 펴냈는
데, 1990년대에 저는 역사 공부를 많이 했기에 북한종교에 대해
역사적 접근을 많이 했고, 류성민 박사님은 종교현실, 종교현장,
최근의 종교변화에 대한 분석을 많이 하셨습니다.

1980, 1990년대는 북한종교를 이해하려는 관점에서 연구를 많
이 했습니다. 그러다 보니 북한종교의 과거, 현재에 관심을 많이
가졌습니다. 그러다가 2000년에 들어와서 북한종교의 미래에 대
한 전망하는 연구가 진행되기 시작했습니다. 역사적 관점에서 북
한종교의 과거와 현재를 이해하는데 초점이 있었다면, 지금은 북
한종교의 미래가 어떻게 될 것인지 전망하는 연구의 흐름으로 전
환되고 있는 시점이라고 할 수 있습니다.

북한종교의 미래에 대해 관심을 갖게 되는 것은 아무래도 북한

선교의 분위기가 점차 확산되고 그 중요성이 강조되면서 북한종교의 미래를 전망하게 된다고 생각합니다. 이 점과 관련해서 몇 가지 북한종교에 대한 전망을 하셨는데, 그 전망을 토대로 제 전망을 말씀드리겠습니다.

류 교수님께서는 김정일 정권 등장 이후로 북한 내에서의 종교이해가 그 전보다 후퇴하고 있다는 느낌을 준다고 말씀을 하시면서 몇 가지 예를 드셨습니다. 저도 김일성 종합대학에서 간행하고 있는 〈력사과학〉 2005, 2006년 잡지를 봤더니 종교를 비판하는 글들이 여러 편 있는 것을 발견했습니다. 이런 점에서 김정일 시대에 종교관은 김일성 시대보다 진전된 게 없다는 결론에 동의합니다. 그러나 변화가 있다면 북한종교들이 김일성 시대에는 정치적 차원에서 통일문제를 중심으로 활동했다면, 김정일 시대에는 인도적 지원을 얻어내기 위해서 경제중심의 차원에서 활동했다는 분석을 하셨습니다. 이런 과정을 거치면서 북한종교 내부에 어떤 변화들이 일어나고 있는지를 주목해봐야 한다고 생각합니다.

북한종교의 미래를 전망하기 위해서는 북한사회, 정치변화와 종교와의 관계와 같은 외적 요인도 중요하지만, 내적 요인 즉, 북한교회 또는 북한종교 자체가 가지고 있는 역량, 과거의 경험을 토대로 봐야 합니다.

이 글이 밝히려고 하는 것은 김정일 정권 이후의 북한의 종교정책과 선교방법입니다. 김정일 정권 이후 사회주의 체제가 유지될 경우 북한에서 어떤 종교정책이 등장하게 될 것인지를 북한종교 전문가의 입장에서 내다봅니다.

전망은 세 가지로 나눌 수 있습니다. 첫째, 이 글은 북한에서의 종교정책의 기조를 신앙자유의 법적 보장, 통일전선 차원에서의 종교교류, 반종교정책으로 정리하고 있습니다. 이 세 가지 기조는 주체사상이 확립되는 과정에서 나타난 것이기 때문에 주체사상이 유일지도이념으로 존속하는 한 계속 유지될 것으로 봅니다. 둘째, 종교정책에서 김정일 집권 시기는 김일성 시대보다 크게 진전된 것이 없습니다. 오히려 1990년대 이전의 부정적인 종교이해가 재등장하고 있습니다. 변화는 있습니다. 1990년대 중반 이후 남북 종교교류가 정치 중심(통일)에서 경제 중심(인도적 지원)으로 바뀌고 있습니다. 경제적 실리의 중시가 시장경제의 수용으로 발전하게 될 경우, 자본주의 국가들과의 경제교류를 위해서도 종교 문제를 유연하게 대처할 가능성이 큽니다. 셋째, 종교의 인정과 통제 측면에서는 중국의 종교정책 경험을 답습할 것으로 전망되며, 공인종교와 지하교회가 함께 존재할 것입니다.

현재의 종교상황에 대한 판단이나 김정일 이후 종교정책에 대한 전망에 동의합니다. 류 교수의 지적대로, 1990년대 전후 나났던 긍정적인 종교 이해가 김정일 이후에는 진전되고 있다는 인상을 주지 않습니다. 류 교수는 1995년부터 2002년 사이에 간행된 『조선대백과사전』의 종교 항목을 예로 들어 종교에 대한 부정적 기술이 되살아나고 있다고 했습니다. 종교 이해의 후퇴를 지적한 것인데, 북한 역사학자들의 최근 글을 보면 기독교가 제국주의자들에 의해 악용되어 왔다는 점이 크게 강조되고 있습니다("17~18세기 유럽 자본주의 렬강에 의한 카톨릭교의 침투와 교회의 기초형성," 〈력사과학〉, 2005년; "셔먼호사건저작직후 조선침략을 더욱 강화하기 위한 미국의 교활한 책동," 〈력사과학〉,

2005; "조선침략의 초시기 미제의 대조선 정책을 실현하기 위한 미국선교사들의 책동," 〈력사과학〉, 2006년). 종교 이해를 예외로 하면 김정일 시대에는 1980년대 이후 북한사회에서 일어났던 다양한 종교변화가 지속되고 있는 것 같기는 하나 이전시대만큼 큰 변화는 보이지 않습니다.

그럼에도 불구하고 우리가 주목해야 할 것은 경제 중심의 남북 종교교류가 확대되면서 생긴 북한교회의 활동영역의 확대 문제입니다. 1990년대 중반까지만 해도 북한종교단체들은 국가의 요구에 응해 주로 정치적 기능만을 수행해 온 데다 독자적인 재정의 부족으로 정치 이외의 다른 종교활동을 고려해 보지 못한 것이 사실이었습니다. 그러나 남한 및 국제 종교기구들의 인도적 지원에 힘입어 북한의 종교단체들은 1990년대 후반 이후 북한사회의 재해와 경제적 시련을 극복하기 위한 활동을 전개해 왔으며, 그 경험을 바탕으로 사회봉사를 위주로 하는 신앙 공동체의 기능을 강화하는 문제를 구상하기에 이르렀습니다.

조선그리스도교련맹의 강영섭 목사는 1997년 3월 뉴욕에서 열린 남북미교회협의회에서 "우리 련맹과 전국의 500여개의 교회 그리고 신학원의 물질적 토대를 더욱 보강 완비하고 그 운명을 개선 강화하면서 사회봉사선교활동을 활발히 벌려나갈 것"이라는 말로 사회봉사적 신앙공동체로서의 북한교회의 장래 모습을 전망했습니다(강영섭, "한반도와 미국의 관계 속에서의 교회의 역할," 〈교회와 세계〉(1997년 4월, p58). 이것이 성공할 경우 통일운동 중심의 종교활동과 사회봉사적 선교활동은 주체적 기독교의 고유의 영적 특성이 될 것입니다. 류 교수는 이 점과 관련해서 남한

사회 및 종교계의 인도적 지원을 긍정적적으로 보고 있습니다.

주체적 기독교란 주체사상이 지배적인 사회에서 주체사상의 인간 중심적 세계관을 수용하는 기독교를 뜻합니다. 이미 북한기독교는 북한사회의 지배사상인 주체사상의 영향 하에서 존재한다는 점에서 주체적 기독교로 볼 수 있습니다. 황장엽은 1989년 미국 시튼홀 대학교 총장을 지낸 머피 신부가 평양을 방문했을 때 머피 신부와 종교와 주체사상의 협조 가능성에 대해서 진지하게 이야기를 나누었는데, 이 대화에서 종교가 내세보다는 현실세계에서 인간을 사랑하고 인간의 운명을 개척해 가는데서 서로 협력해야 한다는 힌트를 얻었다고 밝힌 바 있습니다. 그 후 황장엽은 종교인들과의 교류에 관심을 갖게 되었고, 종교와 주체사상을 결부시켜 신 중심적 세계관으로부터 인간 중심적 세계관으로 이행하는 "종교의 새로운 발전"을 이룩해야 한다는 믿음을 갖기 시작했다고 합니다(황장엽, 『나는 역사의 진리를 보았다』, 250p). 인간 중심적 세계관으로의 이행을 주체적 기독교의 모습이라고 한다면 북한교회에서 그런 모습을 찾아볼 수 있습니다.

기독교를 포함하여 북한종교인들은 주체사상이 지배하는 사회에서 신앙생활을 하는데 전혀 갈등을 느끼지 못한다고 말합니다. 주체사상 사회에서 종교가 존재할 수 있고 또 실제로 존재하고 있다는 것에는 의심의 여지가 없습니다. 북한에서 존재하는 종교는 앞으로도 주체사상의 세계관과 부합하고 그것에 따라 행동할 것을 요구받을 것입니다. 그 점에서 주체적 기독교의 미래는 한편으로는 정치적 요구의 수용에 달려 있고, 다른 한편으로는 그

요구를 조절함으로써 기독교적 아이덴티티를 유지할 수 있느냐에 달려 있습니다. 주체사상의 수령중심주의가 김정일 이후에도 존속된다면 종교영역에서도 집권자의 요구를 절대시하는 이론으로 발전해 갈 가능성이 큽니다. 이 상황에서 북한교회의 기독교적 아이덴티티가 확고해지지 못한다면 주체적 기독교를 창출하기 위한 시도는 북한교회를 파산으로 이끌 가능성도 있습니다. 그 경우 지하교회는 북한교회의 파산을 경고하는 기능을 담당하게 될 것입니다. 김정일 정권 이후에 북한사회에 개방의 기류가 흐른다면 북한에서는 주체적 기독교의 생성과 발전 문제가 긍정적으로 제기되리라고 봅니다. 김정일 이후의 북한교회 전망과 선교적 노력은 주체적 기독교의 파산과 발전 이 두 가지 문제를 내다보아야 할 것입니다.

사회 : 유석렬

김 교수님은 류 교수님의 종교현황에 대한 판단이나 김정일 이후 종교정책 전망에는 동의하지만 경제중심의 남북 종교교류 확대와 관련하여 류 교수님이 남한 종교계의 인도적 지원을 긍정적으로 보는 데는 이견이 있다고 했습니다.

주체사상의 수령중심주의가 김정일 이후에도 존속한다면 결국 북한교회는 파산될 것이지만 북한에 개방의 기류가 흐른다면 북한교회는 발전될 것이라는 두 가지 측면을 보아야 한다는 것입니다.

다음은 신경규 교수님께서 토론해 주시겠습니다.

3. 토론 : 신경규(고신대학교 국제문화선교학과 교수)

1) 논문의 요약

본 논문에서는 북한의 종교정책 파악을 위해 북한의 법령과 김일성·김정일의 저작, 그리고 북한에서 발간된 사전류와 종교 관련 일부 문헌들 및 종교단체들의 조직과 활동 등에 비추어 북한 종교정책의 기조를 (1) 법제적인 신앙의 자유에 대한 보장 선언, (2) '통일전선'을 위한 남한 및 해외 종교인들과의 협력 강조, (3) 외국종교인의 활동금지를 포함한 반종교정책의 고수 등 상호 모순되는 측면들이 있는 내용으로 요약하고 있으며, 북한이 사회주의 체제로 존속하는 한 이 기조가 계속 유지될 것으로 보고 있다.

본고에서는 현대 북한의 시기를 김일성 체제, 김정일 체제, 김정일 이후 체제 등 세 단계로 구분하여 북한의 종교정책을 설명하고 있는데 과거, 현재, 그리고 예측되는 미래 전체를 통해 사회주의 체제가 지속된다는 전제 하에 위의 기조가 계속될 것으로 보면서도 각 시기에 나타나는 상황의 변화로 말미암아 부분적인 변화가 있어 왔고, 앞으로 있을 것으로 예측하고 있다.

앞으로의 종교정책 변화를 가져 올 변화의 동인으로는 (1) 어려운 경제사정의 개선과 경제성장(체제 유지)을 위한 대외 개방 정책, (2) 관광산업을 통한 외자유치를 위해 남한 혹은 외국과의 교류확대, (3) 문화와 예술에 대한 배려와 문화재 자원의 관광목적에의 사용을 위한 문화재의 개보수와 그를 통한 대외교류 등을 지적하고 있으며 이를 통한 대외 개방의 조류가 북한의 종교, 특히 기독교에 대해 보다 개방적인 방향으로 진행될 것으로 예측하고 있다.

대외적으로는 개방 확대에 따른 종교교류의 증대가 외견적으로 종교활동 개방화를 촉진시키는 가운데, 대내적으로는 북한사회가 주체사상에 나타난 바와 같이 종교의 현실적 필요성을 부분적으로, 또한 단기적으로 인정한다고 할지라도 사회주의의 근본적인 특성인 종교에 대한 적대감, 그리고 종교의 종국적 사멸에 대한 당위성을 버리지 않을 것이므로 종교에 대한 법제화를 통하여 종교활동에 대해 제한과 국가의 통제를 강화하고, 외국인의 국내종교에의 불간섭 등 여전히 대내적으로 반종교적 입장을 강화할 것이라고 예측하고 있다.

특히 북한의 종교정책은 중국의 개방화 과정과 그에 따른 종교정책의 변화를 답습해 왔고 앞으로도 계속 참조할 것으로 보아 중국의 종교정책 변화가 북한의 미래 종교정책을 알아 볼 수 있는 좋은 시금석으로 보고 중국의 종교정책 변화를 소상히 기술하고 있다.

종교오성론(宗敎五性論)과 상삼점(江三點)으로 대변되는 중국의 종교정책은 경제체제의 변화와 개방에 대비하여 체제 유지를 위해 외국인의 종교활동 금지(체제위협 제거)와 종교에 대한 중국정부의 강력한 관리정책(반종교성)을 나타내 주는 것이라고 할 수 있는데 이러한 중국의 종교정책은 북한의 종교정책과 상응하고 있는 면이 많다: (1) 헌법상 '반종교선전의 자유'라는 문구의 삭제와 종교의 자유에 대한 명시, 사회주의 체제 내에서의 종교활동 제한 및 외세에 대한 경계는 북한과 중국이 거의 동일한 정책적 기조라고 할 수 있고, (2) 기존의 종교조직을 체제를 위해 활용하고자 하는 점에서도 북한과 중국의 태도가 일치한다. 북한정권 초기에 만들어진 여러 종교단체들도 종교의 활용 가치에 대한 인식에서 비롯된 것이라 할 수 있다. 그러나 북한에서의 지하교회 확산은 중국에서와 같이 필연적인 것으로 보고 있다.

본고에서는 김정일 이후에도 북한에 계속 사회주의 정권이 유지될 가능성을 전제로, 김정일 정권 이후의 북한종교정책은 (1) 북한의 경제적 위기의 탈출구와 경제성장을 통한 체제 유지를 위해서는 자본주의 경제체제의 도입과 그로 인한 개방, 초기 경제발전을 위한 외부의 지원요청 등의 과정은 외부의 제한적인 종교활동 가능성을 예견할 수 있게 한다. (2) 북한선교의 다각화, 특히 문화예술 분야의 교류와 접목을 강조한다. (3) 북한이 중국의 종교정책을 따를 가능성이 크므로 중국선교와 연계된 북한선교의 필요성을 제시한다. (4) 현지인을 통한 간접선교, 여건조성과 지원 등을 통한 지하교회를 통한 북한선교가 효과적일 것으로 제시하고 있다.

이어서 저자는 북한선교에 있어서 과시적 성과의 지양, 조용한 선교, 보다 장기적이고 단계적인 선교전략, 북한의 종교정책과 현실, 향후 방향에 관한 세심한 배려와 연구 등을 지혜롭게 해 나가면서 선교할 것을 제안하고 있다.

2) 논평

북한의 미래 종교정책을 전망, 예측하는 것은 쉬운 일이 아니다. 어느 시점에 어떤 방향으로 나아 갈 지 가늠하기가 힘들다.[1] 그것은 북한의 종교정책이 북한 자체의 대외정책과 연결되어 있기 때문이며 또한 국제정세의 변화가 그만큼 복잡하고, 미래의 방향이 다양한 변수의 영향을 받기 때문이다. 그럼에도 불구하고 북한과 동일한 사회주의 국가이면서 국경을 맞닿아 북한에 지대한 영향을 미치는 중국을 모델로 하여 중국의 사례를 참고하면 북한 미래종교정책의 큰 방향을 예측할 수 있다. 본 논문은 이러한 점에 착안하여 북한종교정책의 앞날을 예측하고 있다.

이러한 점을 토대로 전개되는 본 논문은 다음과 같은 점에서 장점과 기여하는 부분이 있다고 사료된다.

(1) 북한의 종교정책이 북한지도자의 교체에 따라 미약하게나마 변하고 있다는 점을 지적한 것은 한국교회의 북한선교에 대한 방안과 전략의 수정에 있어서 중요한 지적이라고 본다.

(2) 중국당국의 종교관(宗敎五性論과 江三點)과 북한의 주체사상에서 논하고 있는 종교관을 고려하여 현재의 중국과 북한의 종교정책과 그 방향성을 살펴본 것은 적절한 시도라고 본다. 태도의 내면적 동기나 철학적 토대를 살펴보는 것은 그 현상 내면에 존재하는 본질을 파악하는 데에 필수적이기 때문이다.

---

1) 이 글을 쓰고 있는 시간에 뉴스에서는 북한의 핵 폐기, 테러지원국 삭제 등을 골자로 하는 미북 관계개선 조치로 미북관계가 급속히 개선되어가고 있다는 뉴스가 나오고 있다.

(3) 북한 자체의 개방에 대한 필연성을 체제내부의 유지문제와 경제성장, 경제개방 등 경제적인 문제와 연계하여 논의한 것은 북한의 정치경제 상황이 종교정책과 연계되어 있다는 측면에서 매우 적절하고도 타당성 있는 분석이라고 생각된다. 특히 경제적인 상황이 체제에 가장 위협적이라는 것은 문제의 본질을 정확히 간파한 것이라고 보며, 경제적인 상황변화에 따라 중국의 종교정책이 변하여 왔다는 것은 북한의 종교정책과 그 방향성을 올바로 이해하는 데에 매우 중요한 모델이 된다는 점을 잘 지적해 주고 있다.

(4) 마르크스주의 자체가 서구 기독교에 대한 반감과 적대적 태도를 가지고 있다는 측면에서 공산주의 국가 정책의 본질 중 하나가 반종교적이며, 특히 반 기독교적이라는 점에서 북한이 사회주의 국가체제를 유지하는 한, 반종교적 색체, 그 중에서도 그리스도의 유일성을 주장하는 복음적 기독교에 대해서는 지속적으로 적대적인 태도를 견지하려 할 것이라는 분석은 타당하다.[2]

(5) 종교문화재의 복원, 문화의 교류 등을 통한 북한의 해외교류 확대정책은, '이보전진을 위한 일보후퇴'라는 레닌의 전술에서와 같이, 경제적 지원을 기대한 정책임이 분명하다. 그럼에도 불구하고 개방의 물꼬를 더욱 확대시키고 궁극적으로는 종교교류의

---

2) 불교는 다원주의(Pluralism)의 입장을 취하고 정치체제에 대해 이데올로기적으로 가치중립적이라는 점에서 덜 배타적이며 따라서 배제주의(Exclusivism)와 반공산주의의 입장을 견지하는 복음적 기독교에 대해서는 북한이 더 배타적일 수 있다. 그러나 종교적 포괄주의(Inclusivism)에 근접한 KNCC 계열의 교회는 북한의 공식적인 교회와의 접근이 용이하다는 점은 현재의 상황에서도 충분히 확인할 수 있는 점이다.

확대와 종교에 대한 통제의 이완을 어느 정도는 기대할 수 있을 듯하다.

본 논문에서 간과하고 있는 듯한 부분을 몇 가지 지적하면 아래와 같다.

(1) 먼저, 본고는 북한 내 기독교활동이나 교회에 대한 통제범위에 대한 고려가 미약하다는 점이다. 주지하는 바와 같이 중국은 그 국토의 크기가 북한에 비교할 수 없을 정도로 넓다. 그것은 중국공산당의 통치영역이 넓고 따라서 중국공산당의 영향력 강도가 북한의 그것에 비해 약하다고 할 수 있다. 바꾸어 말하면 북한 공산당의 감시반경이 상대적으로 좁아 감시강도는 중국에 비해 훨씬 강하다는 점이다. 따라서 북한에서의 기독교선교와 교회활동은 중국의 그것에 비해 현저히 위축될 수밖에 없는 여건인 것이다.

(2) 동일한 맥락에서 중국공산당과 북한공산당의 그 교조주의적 강도를 거의 고려하고 있지 않다. 중국공산주의의 경우 문화대혁명의 혹심한 폐해를 경험한 중국인민들과 모택동 이후의 중국 현대역사 속에서의 반성을 통하여 교조주의적 성향이 얼마나 파괴적인가를 암묵적으로 인정하는 전반적인 인식이 존재하어 그 교조주의적 강도가 약화되었지만,3) 북한의 경우는 이전에 비해 완화된 면이 있을 수 있지만 그 교조주의의 색체가 아직도 강하게 작용하고 있다는 점을 간과하고 있는 듯하다. 이러한 점 역시 북

---

3) 등소평의 시장 지향적 사고와 그의 리더십을 통한 중국의 사회주의-시장 체제로의 전환이 대표적인 예이다.

한선교와 교회활동에 제약을 가하는 요소로 지속될 가능성이 있다.

(3) 중국선교와 연계된 북한선교를 말하면서 북한의 종교정책에 대한 면밀한 연구를 주문하면서도 중국이나 러시아를 통한 북방선교를 언급하지 않고 있는데 이것은 한국 초기 기독교의 전래가 남으로부터의 전파와 북(중국)을 통한 전파가 동시에 이루어 진 점을 참고할 때 중국과 러시아를 통한 북한의 선교방안은 반드시 고려해야 할 전략이라고 사료되는 바이다.

(4) 본고에서 상대적으로 간과된 부분 중 하나가 공식적인 통로를 통한 선교와 비공식적인 통로를 통한 선교를 병행해야 하는데에 대한 강조점이다. 북한 당국은 상대적으로 자신들과 대화가 용이한 KNCC계열의 교단 및 교회와의 교류는 활발히 전개하면서도 공산체제에 대한 반대와 비판이 강한 복음적 보수 교단과의 교류는 꺼려하는 입장이다. 그러므로 KNCC 계열의 교단과 교회는 북한과 공식적인 통로를 통해 북한의 교회건립과 지원확대에 임하고 복음적인 교회와 교단은 구호와 개발의 차원에서 북한 주민 및 지하교회들과 접촉하는 양면적 전략으로 북한선교에 접근한다면 보다 효과적이고도 효율적으로 북한선교를 감당할 수 있으리라고 본다.

(5) 문화교류와 지역개발을 통한 선교 가능성에 대해 한국의 보수적인 교회의 의식을 개선하는 작업이 필요하다. 보수적인 한국교회는 북한당국과의 교류 자체를 터부시하거나 지역개발이나 구호의 전략 자체가 선교임을 거부하고 오직 교회개척만이 선교의 모든 것이라고 생각하며, 이런 교회가 '아직도' 한국에는 많이 존

재한다. 이런 교회를 위한 의식을 바꾸게 하는 작업은 같은 공동체에 살고 있는 우리들의 시급한 과제이다.

(6) 마지막으로 이 글의 전제와 관련된 부분으로 북한의 체제가 지속적으로 사회주의를 견지할 것이라는 가정에 대해 많은 부분에 있어서 그 가능성에 동의하는 바이기는 하나 국가나 경제규모의 상대적인 영세성(소규모)을 감안할 때, 중국과는 달리 급속한 개방과 함께 자본주의로의 체제전환의 가능성도 배제할 수 없는 부분이다. 체제차이나 경제력 차이의 갭이 지나치게 크거나 점진적인 변화가 본질적인 변화를 수반하지 못한다는 판단이 북한 내부에서 형성될 경우에는 이 글에서 전제하는 바와는 달리 급속한 개방과 체제변화가 일어날 가능성도 배제할 수 없을 것이다.

본 논문은 북한종교의 방향성에 관한 중요한 시사점들을 우리에게 던져준다. 이러한 연구의 축적으로 정리된 북한의 이해와 보다 체계적인 북한선교의 체제가 마련되기를 기대하는 바이다.

굉장히 좋은 논문이고, 종교 학자답게 종교자체에 대한 분석을 하셨다. 그러나 종교자체에 대한 연구는 이미 끝났다. 문제는 그들에게 어떻게 접근해야 할 지 선교적 접근방법을 연구해야 한다. 류 박사님의 논문에서는 방법론이 약한 것 같다.

사회 : 유석렬

신 교수님은 친절하게 먼저 논문을 요약해 주시고 논문의 장점과 기여하는 부분을 지적하셨습니다. 그럼에도 불구하고 간과하고

있는 부분을 예리하게 평을 해주셨습니다. 간과하고 있는 부분은,
 첫째, 북한 내 기독교활동이나 교회에 대한 통제범위에 대한
고려가 미약하다는 것, 둘째, 중국과 북한 공산당의 그 교조주의
적 강도를 간과한 것, 셋째, 중·러를 통한 북방선교를 언급하지
않은 것, 넷째, 공식·비공식 통로를 통한 선교를 병행해야 하는
데에 대한 강조가 없었다는 것, 마지막으로 문화교류와 지역개발
을 통한 선교를 간과한 것 등을 지적했습니다.
 다음에는 한화룡 교수님께 토론을 부탁드리겠습니다. 한화룡 교
수님 토론해 주시죠.

4. 토론 : 한화룡(백석대 교수)

 류성민 교수님은 본 논문에서 거시적인 차원에서 향후 북한종
교정책의 변화를 전망하고 그에 따른 북한선교의 방향성을 훌륭
하게 제시하고 있다고 생각합니다. 논평자는 본 논문의 기본 논
지에 동감을 표하면서 조심스럽게 몇 가지 보완할 점을 제시해
보고자 합니다.

 무엇보다도 먼저 류 교수님은 김정일 정권 등장 이후의 북한종
교정책의 변화를 사실에 입각해서 균형 잡힌 시각으로 잘 정리해
주고 있다고 판단됩니다. 정치적 목적보다는 경제적 실리에 주안
을 둔 종교교류의 증가, 종교에 대한 정식화된 이해를 통해 사회
주의 체제가 인정하는 한에서만 종교를 제한적으로 허용하고자
하는 입장의 강화, 그리고 종교 관련 문화재가 지니고 있는 문화

적 예술적 측면에 대한 강조 등 북한의 종교정책이 다소 변화되고 있다는 지적입니다. 그리고 나서 류 교수님은 북한 당국이 점진적으로 자본주의 경제체제를 수용하고, 또 외부의 경제적 지원에 대한 의존이 지속되면서 앞에서 언급한 북한종교정책의 변화가 계속될 것으로 전망하고 계십니다.

그러면서 류 교수님은 이같은 변화와 상황이 중국의 그것과 비슷하기 때문에, 중국의 종교정책을 통해 북한종교정책의 변화를 전망하고 거기에서 효과적인 북한선교 전략을 찾아보자고 제안을 하셨습니다. 논평자는 북한선교에 관심을 갖고 있는 분들이 간과하지 말아야 할 중요한 지적이요 예리한 통찰이라고 생각합니다. 제가 직접 확인을 하지 못했지만 논평자 역시 그동안 북한종교정책의 변화는 중국의 종교정책과 그 변화를 참조하고 모방했을 가능성이 높다고 판단하기 때문입니다. 그래서 앞으로도 그럴 가능성이 높다는데 동의를 하게 됩니다.

하지만 논평자는 류 교수님이 중국과 북한이 비슷한 점이 있는 만큼 다른 점도 있다는 사실을 충분히 고려하지 않고 있는 것 같은 느낌을 가져 봅니다. 예를 들어, 중국이 일치감치 경제적으로 개방을 단행하여 상전벽해 같이 눈부신 경제 성장을 이루었습니다. 그래서 '세계의 공장'이라고 불리며, 한국에서도 많은 기업들이 들어갔습니다. 반면에 북한은 수백만이 굶어 죽었습니다. 그렇게 수백만에 죽어가고 지금도 비참한 식량난에 허덕이는 상황 속에서도 지금까지 이렇다 할 개방다운 개방을 하지 못하고 있다고 저는 판단하고 있습니다. 그래서 "중국과 북한은 다르지 않은가? 같은 면이 있는 만큼 또 다른 면이 있지 않은가? 이런 현실을 어떻게 설명할 것인가?"에 대해 의문을 제기해 봅니다.

또 중국과 달리, 어떤 면에서는 중국보다 훨씬 더, 북한 체제는 반미적이고 반기독교적인 특이한 성향을 띠고 있습니다. 이를테면 북한 당국은 그동안 6·25를 남침이 아니라, 미제가 북한을 침략하면서 기독교 선교사를 앞세웠다고 선전하고 가르쳐 왔습니다. 그렇다면 앞으로 종교교류를 더욱 확대하면서 드러날 이 주장의 허구성을 북한 주민들에게 어떻게 변명할 것인가? 또 그에 따른 체제 동요를 어떻게 수습해 나갈 것인가? 이처럼 북한은 중국과 다른 체제적 특성을 지니고 있기 때문에 종교정책의 변화도 그 방향과 속도에 있어 중국과 다를 수밖에 없을 것이라는 점을 조심스럽게 지적하면서, 이 점에 대해 류 교수님께서 어떻게 생각하시는지 좀 더 설명을 요청하는 바입니다.

그 다음에 류 교수님은 김정일 정권 이후에도 북한에 사회주의 정권이 계속될 것이라는 전제를 갖고 논지를 펼쳐 가는데, 논평자는 그렇게 되지 않을 가능성도 배제할 수 없다고 생각합니다. 왜냐하면 북한 체제는 너무나 많은 허구와 거짓에 기초한 사회입니다. 예를 들면, 북한은 남조선은 미제의 식민지다, 헐벗고 굶주리는 지옥과 같은 사회라고 오랫동안 선전해 왔습니다. 반면에 지금 한국은 세계 경제 10위권의 경제대국으로 부상했고, 민주화를 이루었고, 세계적인 교육수준을 자랑하는 자랑스러운 대한민국이 되었습니다. 그런데 이렇게 경제난으로 인해서 사회적, 문화적, 종교적으로 계속 교류하게 될 때, 이런 허구와 거짓말이 백일하에 드러나게 됩니다. 따라서 한 번 북한 체제가 무너져 내리면

건잡을 수 없을 정도로 급속하고 과격한 변화의 소용돌이에 빠져
들 가능성도 높다고 저는 생각합니다. 따라서 류성민 교수님께서
는 한 가지 시나리오만 고집하지 말고 두 가지 상황을 다 상정하
고 북한종교정책의 변화 및 그에 따른 북한선교 전략의 방향성을
모색해 나가는 것이 보다 현실에 근접한 판단이 아닌가 생각합니
다. 그런 점에서 중국 모델만 참조할 것이 아니라 어느 날 갑자
기 공산주의 체제가 무너져 내린 소련이나 동유럽 국가들의 사례
나 모델도 십분 참조해서 논문을 보완했다면 훨씬 더 좋은 논문
이 되지 않았을까 생각합니다.

사회 : 유석렬

한 교수님은 류 교수님의 기본논지에 동감을 하면서 두어 가지
보완할 점을 제시하셨습니다. 첫째, 류 교수님은 중국의 종교정책
을 통해 북한종교정책의 변화를 전망하셨지만 북·중간에는 상이
한 점, 특히 북한의 체제적 특성이 있음을 간과했다는 것, 둘째,
류 교수님은 김정일 정권 이후에도 북한에 사회주의 정권이 계속
될 것이라는 전제를 두고 있지만 그렇지 않을 수도 있다고 지적
하셨습니다.
자, 그러면 마지막으로 이반석 총무님 토론해 주시겠습니다.

4. 토론 : 이반석 목사(모퉁이돌선교회 국제총무)

1) 들어가는 말

2004년도 모퉁이돌선교회 선교연구원에서 주관한 "김정일 시대의 선교"라는 제목 아래 가진 세미나에서 북한선교전략들을 설립, 정리하느라 정치, 경제, 사회, 그리고 문화에 대해 다루면서 어떻게 선교할 것인가라는 질문을 던져놓고 여러 전문가들과 학자들의 의견을 정리하여 보았습니다. 이번 세미나에서는 지난 1989년에 가졌던 '김일성 사후의 선교'라는 차원과 같이 김정일도 분명 죽게 될 것이고(대다수의 사람들이 김일성은 영원히 죽지 않을 것으로 생각하고 있었지만) 그의 죽음 또는 그 정권교체에 따른 정치적인 변화와 함께 사회, 경제, 문화, 그리고 종교적인 차원에 많은 영향과 변화가 있을 것이라는 전제하에 또 한 번 한국교회가 어떻게 김정일 이후의 북한선교를 준비하며 접근해야 하는지에 대한 연구, 준비를 시작하게 됨에 무한한 감사를 드립니다.

먼저 류성민 박사가 발표한 논문을 보면서 정치 종교학적 접근으로 북한선교를 보는 것과 선교학적 접근방법이 다르다는 점을 느끼면서 먼저 지금까지 한국교회가 북한을 향하여 가진 선교에 대한 것을 잠깐 분석하여 보고 앞으로 올 시대의 선교전략을 제시한 후 류 박사님의 발표에 저의 의견을 표현하려 합니다.

2) 지금까지의 한국교회 북한선교전략과 전술

한국교회의 선교역사는 1908년 제주도로 파송된 이기풍 목사,

1937년에 중국으로 파송된 방지일 목사, 해방 후 최초로 1955년에 아내 김광명과 함께 대한예수교장로회 총회에서 태국으로 파송한 최찬영 선교사 등 약 190가정이 1988년 이전 선교를 하고 있었지만 남한교회의 실질적인 해외선교는 1988년 서울 올림픽 이후 해외여행이 자유로워진 후부터라고 하는 것이 옳다고 생각이 든다. 또한 북한선교도 올림픽 이후 1991년 구소련이 무너지고 1992년 중국과의 수교 후 중국에 거주하고 있던 조선족들과의 접촉과 만주로 나오는 북한 주민들과의 만난을 통하여 북한 소식과 정보 및 지하교회에 대한 상황 한국(교회)에 알려진 후부터 활발해졌다.

또한 1995년 이후 홍수, 가뭄, 해일 등 자연재해로 인한 흉년으로 많은 주민들이 식량을 얻으려 중국으로 탈북을 하고 남한까지 오면서 북한의 상황이 더 많이 알려졌다. 그전까지는 휴전선을 넘어오거나 중국을 통하여 남한에 온 소수의 북한인들(귀순용사, 귀순자, 탈북자)로부터 북한 안에서의 신앙상황을 알 수 있는 정도였지 북한선교가 활발하게 전개된 것은 아니라 할 수 있다.

1991년 이전에 북한에 복음을 전하기 위해 중국으로 여행을 갈 수 있는 몇몇 선교기관만이 중국을 통하여 북한에 성경도 보내고 북한에서 나온 사람들을 만나 훈련을 하기 시작하였다. 1970년 말에 시작된 해외 교포(미주)들의 북한여행으로 북한에 복음이 전하여지고 영향을 미치고 있는 것은 중요한 북한선교 중에 하나였다. 그러나 한국교회로서는 한국에서 중국으로 여행이 자유로워진 1991년 이후에 북한선교의 열정들이 한국교회에서 일어나고 있었다. 그 전제로 지금까지 15년의 북한선교 전략을 간단하게 정리하여 보았다.

① 통일을 전제로 한 북한선교였다

우리는 지금까지 통일이 되어야 선교가 가능하리라는 기다림의 연속에서 준비 아닌 준비를 하고 있었다. 복음적인 차원에서 볼 때 통일보다 선교가 먼저여야 했다. 그러나 민족적인 차원에서 선교를 접근하다 보니 통일이 우선시되어 왔다. 민족이기 전에 하나님의 백성이요 하나님의 형상을 가진 자들이 회복되어 하나님을 찬양할 수 있게 하는 것이 선교의 기본이라면 우리는 민족적인 차원의 선교보다는 복음적인 차원의 선교로 접근하여야 했는데 그렇지 못하였다.

최근 그 통일을 기다리던 시대는 지나가고 있고 통일 비용이 우리의 생활에 미칠 영향에 통일을 원하는 한국인들의 정서에 우리 기독교인들까지 함께 동요하고 있는 형편은 우리에게 선교를 멀리하려는 배경을 제공하고 있는 듯하다.[1]

② 민족적인 차원에서 북한선교가 이루어지고 있었다

한국교회는 1945년 해방으로 잠시 자유를 누리다가 1950년 북한의 남침으로 6·25 동란을 거치면서 수많은 실향민이 생겨났고 지금도 이산의 고통을 겪고 있다.[2] 이러한 민족의 아픔으로 인한 '고통의 회복'을 기다리며 민족적인 차원에서만 선교를 하려 해왔다. 우리 민족이기에 복음을 전하여야 하고 우리가 전하여야만 한다는 민족주의적 차원에서 접근을 시도한 것이다. 분명한 것은

---

1) 「2005년 일반국민 통일여론조사 보고서」(민주평화통일 자문회의) 통일이 이루어지는 시기에 대해서는 점진적인 통일이 64.2%로 빠른 시일 안에 이루어져야 한다는 응답(11.7%)보다 높게 나타났음.
2) 「이산가족정보통합센터」 신청자료 현황에 따르면(2007. 2. 28) 1988 ~ 2007. 2. 28 신청인 등록 총 신청인 125,985명 중 사망자 29,000명, 생존 96,985명으로 나타나고 있다.

우리 민족에게 복음을 전하여야 하는 것은 당연한 것이지만 복음을 민족적인 차원에서만 다루려 한다면 복음주의적 신앙고백에 어긋난다는 것이다.

③ 북한선교를 타문화적 접근으로 시도하지 않았다

북한도 남한도 변했다. 종교의 변화를 이야기하기 전에 정치, 경제, 그리고 문화가 변했다. 언어도 쌍방이 변했다. 남한은 영어를 포함한 외래어가 많아졌고, 북한은 전혀 외래어를 사용하지 않는 것은 아니지만, 순수 우리말을 지켜왔다고 할 수 있다.[3] 이제는 북한은 타문화권지역이라고 할 수 있다. 한 민족이라는 뿌리는 같으나 공산주의와 김일성주의가 가져다 준 영향은 언어에서부터 시작하여 사람들의 세계관의 차이를 가져 왔다.

5·25 교시만 하더라도 교시가 북한사회에 미친 영향은 지식인들의 교체와 김일성 우상 숭배 물결의 고조, 도서정리사업 등을 통한 사회통제 강화, 사상교육·검토의 강화, 유일사상체계 확립을 통한 정권강화 계기 등이다.[4] 우리 남한교회는 선교적 접근보다는 같은 민족에게 전도로 복음적 접근을 시도하고 있었다. 한국교회는 민족적인 차원에서 한민족이라는 상황을 주목한 전도적 접근이었다. 지금까지 한국교회는 북한선교를 타문화권 선교와는 다른 면에서 섭근을 하여 왔나아어도 과인이 아니다.

④ 지금까지 지상교회만 인정하고 활용한 선교전략이었다

또한 지금까지 북한에 교회가 존재할 수 없다는 전제하에 지상

---

3) 『북한이탈주민의 언어생활에 나타나는 북한 언어정책의 영향』, 김석향, 통일부 통일교육원, 2003년 12월
4) "5·25 교시와 유일사상 체계 확립 – 구술 자료를 중심으로 –" 오경숙

교회(조선기독교도연맹, 봉수교회 등)와의 교류를 추진하면서 실제적으로 존재하는 지하교회는 멀리하여 왔다. 김일성과 그의 집단이 수많은 기독교인들을 죽이거나 정치범 수용소로 보내 교회가 존재할 수 없을 것이라는 '착각'에 지하교회를 멀리하였다. 또한 한국교회는 유형 교회만을 교회5)로 고집하여 신령과 진정으로 예배하는 믿음의 공동체인 지하교회를 제대로 인식하지 못하는 결과를 초래하였다고 할 수 있다.

⑤ 지금까지 구제중심적인 선교접근이었다

북한은 종교를 '통일전선'을 위한 남한 및 해외 종교인들과의 협력6)을 통하여 경제적 지원을 얻으려는 정치적 수단으로 사용하였다. 류 박사의 발표문에 나타난 것처럼 "경제적 실리가 보장되는 한에서만 종교교류도 원활하게 이루어질 수 있다." 그래서 빵공장 등을 세워주고, 경제적인 지원을 하는 '공식적 교회 중심의 인도적 지원 중심 사역' 즉 구제 중심적인 선교 접근이었다.7)

구제적인 것이 선교에 도움은 되고 필요하긴 하나, 거기에 너무 집중을 하다가 보니, 병원으로 시작한 선교는 결론이 병원으로 끝나고, 학교로 시작한 선교는 결론은 학교로 남는다. 이렇게 구제로 시작한 것이 구제로 끝날 가능성이 많다고 하면, 구제를 하나의 도구요, 접근방법으로 할 수 있는 그런 선교전략은 없었

---

5) 실제로 곽선희 목사 등 한국교회 16인의 설교를 분석한 『한국교회 16인의 설교를 말한다』(대한기독교서회, 유경재외 8인 지음,2004년)를 보면 신학 가운데서도 특히 성경신학의 부재, 잘못된 교회론, 역사의식의 결여를 한국교회 강단이 안고 있는 취약점으로 설명한다.
6) 류성민 박사의 발표문에서
7) 사역대상과 방법에 따른 북한선교 방법은 이승배의 석사 학위 논문(총신대학교 선교대학원)인 "복음주의와 에큐메니컬 진영의 선교신학이 북한선교에 끼친 영향"을 참조할 것

겠는지 의문을 제기한다.

⑥ 대다수의 교단선교전략이 비슷하였다

2006년 2월, 수정 증보된 『한국교회 교단별 선교정책과 전략』을 보면 거의 동일한 선교전략을 각 교단과 선교단체가 사용하고 있다는 것이다. 분명한 것은 차별화가 될 수 있는 북한까지도 전문성도 없는 선교전략들이 나열되어 있는 것을 보면서 선교전략의 다양성을 생각해 보았다. 북한은 북한 나름의 특성이 있다. 노출할 수 없는 전략이 있는 것도 사실이지만 북한 사람들을 위한 전도지조차도 남한에서 사용하는 언어로 북한에 보내어지는 아쉬움들이 있다.

3) 선교지역인 북한상황분석

향후 북한선교에 있어서 가장 중요한 요인 중 하나로 '김정일 사후' 정치체제를 생각해 볼 수 있을 것이다. '김정일 사후' 정치체제에 대해서는 류 박사가 언급한 대로 "예측한다는 것 자체가 매우 어려운 과제이고 무수히 많은 변수와 국내외적 역학관계를 고려해야 하는 것"이지만 몇 가지 상황을 나름대로 정리해 보았다.[8]

① 급속한 변화로 정치개혁이 일어날 것이다

김정일이 죽거나 그 자리를 잃으면 지난 김일성 사후와는 달리

---

8) 북한 급변 사태별 단계별 정책과제와 추진 체계 등 북한의 급변 사태에 대하여서는 최근 발간된 『북한의 급변 사태와 우리의 대응』(박관용 외, 한울 아카데미, 2007년)을 참조할 것.

급속한 변화가 일어나 자체의 정치체제가 붕괴되고 새로운 정치
개혁이 일어나 지금의 공산주의가 아닌 개방되는 체제가 될 것을
기대한다. 그리고 결국에는 여러 과정을 거쳐 인권이 인정받는
민주주의적 모습이 될 것을 예상한다. 또한 현 체제가 가지고 있
는 문제점 중에 국민들의 배고픔인데 이 문제를 해결할 수 없는
현 시스템은 정치개혁을 유발할 것이다. 굶주림에 허덕이는 국민
은 너무나 많은 피를 흘리게 했던 지배층에게 책임을 묻게 될 것
이고 그러면 어쩔 수 없는 충돌로 급속적인 변화가 일어날 것으
로 예측한다. 그러다 그 경제구조가 지탱하지 못하기에 그 변화
와 욕구는 남북통일을 가능하게 하는 정치개혁이 될 수 있다.[9]

② 현 정치구조로 지속될 것이다

김정일이 다음 후계를 결정하고 준비시켜 놓고 안정도 되지 않
은 상황에 죽던지 그가 정치를 못하는 상황이 될 때 군부가 현
공산주의적 정치구조를 주관할 가능성은 높다고 본다. 현재 김정
일 정권이 주장하는 '선군정치'로 군부가 많이 힘을 얻고 있는 상
황이다. 타국의 침범이나 강제적으로 북한을 지배하지 않는다면
북한은 자체적으로 현 정치구조를 유지하려는 노력을 할 것으로
보인다. 그럴 때 어느 일정 기간 동안은 혼란이 있겠지만 군부는
무력으로 그 체제를 유지할 것이다. 그 기간이 얼마나 갈 것인지
또한 누가 그럴 수 있는 인물인지는 몰라도 북한은 그런 체제를
유지하려는 노력이 있을 것이다. 다만 지난 역사를 보면 그 반대
세력이 외부의 힘을 빌려 자체의 힘을 유지하려 할 것이다.[10]

---

9) 북한의 정세와 급변 사태 유형 ① 지도자 신상의 급변 사태 ② 쿠데타 발
   생 ③ 내부로부터의 변혁요구 급증과 주민 봉기 등이다. 위의 책
   20~30.pp.
10) 한편 위의 책(52~55.pp)을 살펴보면 "한편으로는 경우에 따라서는 우리

③ UN 주도하의 신탁통치가 이루어질 것이다

한국도 북한도 UN에 각각 따로 가입이 되어 있다. 현 상황에서 북한이 붕괴된다고 해도 남한으로의 흡수통일은 국제법적으로 가능하지 않다.[11] 가능하려면 두 나라가 합의하여 통일을 원하고 선포하여야 한다. 그렇다면 만일 급변 사태가 일어나 북한의 붕괴가 주변국에 위협이 된다면 UN은 북한을 UN 주도하의 신탁통치에 둘 가능성이 높다. 물론 중국이 UN으로부터 신탁통치를 사전 허락 없이 군대를 북한으로 몰고 들어온다면 그것은 신탁이 아니라 정복이 될 것이다. 그런 후에 협상을 벌이면서 중국은 적어도 함경북도는 차지하여 부동항이 있는 라진, 선봉은 얻으려 할 것이다. 그렇지 않다면 예전에 한반도를 놓고 미국, 영국, 소련, 그리고 중국이 38선을 가르고 통치하자고 했던 것처럼 4나라가 먼저 북한을 놓고 영토전쟁을 벌일 것이다. 오늘 6자 회담에 참석하고 있는 중국, 일본, 소련, 그리고 미국의 관심은 한반도의 평화보다는 자국의 이익에 관계된 부분으로 참석하고 있기 때문이다.

4) 김정일 사후의 선교전략

언제 어떻게 변할는지 모르는 북한의 상황을 놓고 전략을 이야기하기란 어려움이 적지 않다. 또한 각 시나리오마다 전략을 제시하기는 너무나 많은 시간을 요구할 것이기에 여기에서는 김정일 사후를 전제로 한 선교전략을 간단하게 제시하면서 각 시나리

가 북한의 급변 사태를 활용할 필요도 있습니다." 또 " 경우에 따라서는 급변 사태도 우리가 준비만 되어 있다면 기회로 활용할 수 있다." 고 유호열 교수는 말한다.
11) 위의 책 (64 ~81.p.) 북한 급변 사태와 국제법 참조

오에 적합한 것도 부분적으로 나누어 보기로 한다.

① 현 북한사역자로 자체 사역을 하도록 하는 선교전략

선교는 자국민이 복음을 전하는 것이 가장 효과적이다. 그래서 우리는 북한에 있는 지도자나 사역자들로 북한을 복음화 할 수 있도록 돕고 섬기고 지원하는 선교전략이 바람직하다고 본다.

북한은 이미 복음이 전하여졌던 곳이다. 그리고 지금도 북한에 지하교회가 존재한다. 이것을 '그루터기 신앙 공동체'라고 표현하기도 하는데[12] 1945년 이후부터 존재해 온 '그루터기 신앙 공동체'와 1995년 이후 중국을 방문하고 이루어진 새로운 '그루터기 신앙 공동체'가 많이 생겨나고 있다. 그리고 그 안에 지도자가 있고 사역자들이 있다. 1995년 이전에 형성된 신앙의 공동체에는 6 · 25 이전에 믿음을 지킨 자들로 주로 나이 많은 자들로 형성이 되어 있고, 1995년 이후에 중국을 공식, 비공식으로 방문한 자들이 돌아와 형성한 '그루터기 신앙 공동체'는 대부분 40대 미만의 젊은 사역자들이다(편집자 주 : 본 선교회의 사역 경험과 결과에 따른 서술임).

훈련

1995년 이전에 형성된 지하교회의 복음전파는 그렇게 활발하지 않았다. 그들은 가족, 친지 · 친척 중심적이어서 자신들의 신앙이 노출이 되어도 문제가 되지 않을 아주 가까운 사람과 그리고 믿는 사람들과의 결혼만을 주로 고집하면서 신앙을 유지하는 수준에 머물렀지 활발하게 복음전파에 열중하는 모습은 그리 많지 않았다(편집자 주 : 본 선교회의 사역 경험과 결과에 따른 서술로

---

12) 「북한선교」 2006 7-8, 기독교북한선교회, 7~10 pp. 북한선교 방법

구체적인 통계 수치를 제공하기는 어렵다). 그러기에 가정의 가장 또는 연장자가 자연스럽게 지도자의 역할을 하여 왔다. 그러나 지금은 1995년 이전에 형성된 지하교회 지도자를 어떻게 누구에게 전승하느냐는 문제와 어려움을 20~30대 사역자를 양육 훈련시키면서 해결해 나가고 있는 실정이다.[13]

한편 1995년 이후 중국을 다녀온 후 이루어진 새로운 믿음의 공동체들은 활발하게 복음을 전하면서 또 다른 사역자의 필요를 가지게 하고 있다. 공동체가 확장되면서 오는 노출을 피하기 위해 모임의 규모를 줄이면서 많은 공동체가 형성이 되어가고 있기에 사역자의 숫자가 모자라는 상황이 되어 가고 있다.[14] 직접 들어가 그들을 훈련할 수 없는 상황이 지속된다면 방송이나 성경공부를 MP3 같은 매개체를 통해 사용하기도 한다. 또한 자체적으로 훈련을 할 수 있도록 그들의 언어로 된 성경과 성경공부교재를 공급하여 주고 필요에 따라 그 곳에서 가르칠 수 있는 사람들을 타국으로 데리고 나와 훈련시켜 자체훈련이 가능하게 하는 선교방안이 필요하다.

이러한 사역할 수 있는 사람들로 북한 복음화를 하게 할 때 복음의 진보가 있으리라 생각된다. 이런 사역자들은 주변의 상황을 잘 알고 있고, 더 효율적이다. 그들을 훈련하고 그들이 자체적으로 사역자를 만들어가서 자체적인 믿음의 공동체를 이루어가도록 하는 선교전략이 바람직하다고 본다. 내부의 사역자를 양성할 수 있는 선교전략이 이루어진다면 어떤 시나리오로 북한이 변한다하여도 복음은 전파될 것이다.

---

13) 「카타콤 소식」 통권 제 185호 2006년 1월호 "북한 교회 지도자들이 세워지고 있다" 참조

14) 「카타콤 소식」 통권 제 198호 2007년 2월호 "성령의 능력으로 북한 지하교회가 일어나고 있다" 참조

신학

현재까지는 외부로부터의 영향력이 거의 없이 북한 내에서 교회가 존재하였고 확산되어 왔다. 비록 성경과 성경교재가 중국으로부터 흘러 들어갔어도 그들은 초대교회가 체험한 성령의 충만함과 하나님의 위로를 체험하면서 믿음을 지키고 있다.[15] 장로교적인 전통 신앙생활[16] 가운데 1995년 이후 중국을 방문하고 이루어진 새로운 믿음의 공동체는 그들이 체험한 성령의 역사를 나누면서 지하교회가 확산·확장되고 있기에[17] 지금은 진보된 신학을 전하지 않고 자체로 성령의 인도하심을 따라 성장하도록 하는 선교전략이 필요하다. 그들이 즐겁게 부르는 찬송을 보면 우리 한국교회가 1960~1970년 부르던 (복음)찬송을 즐겨 부르는 것은 그들의 성령 체험적 신앙고백과 흡사하기 때문이다. 조직신학이나 교회론을 가르치는 것이 급하지 않고 성경을 가르쳐 자체에서 신학이 정립되도록 도와야 할 것이다.

목사안수[18]

또 지금 상황에 목사 안수가 중요하지 않다. 받지도 못할 뿐 아니라 받은 것이 걸림돌이 된다. 그래서 중국이나 타국에 나와

---

15) 사도행전에 나타난 초대교회 속의 사건들은 『이야기 사도행전』(진 에드워드, 미션월드라이브러리)을 참조할 것

16) 현재의 북한은 처음부터 외국 선교부의 선교구역 협정에 의해 미국 북장로회 선교부의 선교지역이 되어 있었으므로 북한교회의 대세가 장로파에 속했다고 할 수 있다. 『해방 후 북한 교회사』,다신글방 김흥수 저, 13.p.

17) 「카타콤 소식」 제 197호 "100년이 지난 지금도 북한에 성령의 역사가 일어나고 있다." 참조

18) 이광식의 목회학 석사(합동신학대학원대학교) 논문인 "제한지역에서의 성례전 시행에 관한 고찰" 특히 북한교회의 주변 환경과 성례전 이해를 참조할 것.

훈련을 받고 가는 사역자들을 꼭 목사나 준목사로 만들어 보내려 하지 말고 훌륭한 선교사적 목회자가 되는 훈련이 바람직하다고 본다. 그들에게 성찬과 세례, 안수의 중요성을 가르치고 제한 지역에서 성례전 시행에 대하여 한국교회도 준비하여야 할 것이다.

② 기업인들이 선교하도록 하는 선교전략

마치 중국이 1981년부터 개방하면서 종교를 정치적으로 다루면서 경제를 개방하였듯이 북한도 현 체제를 유지하기 위해서라도 경제적인 면은 개방을 하게 될 것이다. 그러면 경제인들은 북한을 자유롭게 다닐 수 있을 것이다. 수 세기를 통하여 중국에 복음이 실크로드를 통하여 전해진 것을 보더라도 경제인들의 역할은 중요하다고 본다. 목사는 이미 성도가 있는 곳에 필요하다. 성도 없는 곳에 보내지는 선교사를 꼭 성직을 받은 사람으로 보내지 말고 평신도들을 보내어 선교하는 것이 좋다. 북한이 신탁통치하에 들어가더라도, 급속한 변화가 일어나도, 또는 현 체제를 유지할 때에도 기업인들의 출입은 종교인보다는 자유로울 것을 염두에 둔 선교전략이 바람직할 것이다.

또한 북한 안에 있는 예수 믿는 사업자들로 해외 사업자들과의 교제를 통한 지속적인 신앙생활과 그들을 훈련시키어 복음을 전하는 사역자로 만드는 것이 교회를 세워가는 준비단계가 될 수 있겠다.

③ 새 변화를 추구하는 세력에게 접근하는 선교전략

정치적인 차원에서의 접근보다는 항상 새로운 것에 관심을 많이 두는 무리가 있다.[19] 이런 무리들에게 복음을 전하는 것이 북한과 같이 60년 동안 김일성을 신으로 간주하는 자들에게 복음을 전하는 것이 쉬운 일이 아니다. 그러나 새로운 변화에 관심이 있는 무리를 찾아 그들에게 복음을 전할 때 쉽게 복음이 전하여질 수 있다. 이 무리는 대개는 젊고, 외부를 동경하고, 현 시스템에 대해 실망하면서 새로운 것을 찾는 무리들이다.

우리는 한글로 말이 통하고 한 민족이라는 관점에서 북한을 보고 어느 누구에게 접근을 하여 복음을 전하면 될 것이라는 생각을 하지만 실질적 선교는 가장 빨리 복음을 받아들일 자들을 찾아 전하여 그들로 자체 복음화 하는 것이다.

④ 타국에 있는 사역자를 양성하여 보내는 선교전략

우리는 꼭 우리가 모든 것을 다하여야 할 것을 생각하고 있다. 그러나 만일 신탁통치로 장기간 남한에 있는 교회가 북한에 들어가지 못하고 지금과 같은 수준의 방문만 허락이 된다면 북한복음화는 늦어질 것이다. 꼭 우리가 북한선교를 해야 한다는 생각을 버리고 먼저 6자회담을 하고 있는 중국, 일본, 소련, 미국에서 선교사로 훈련을 시키고 브라질, 캐나다, 말레이시아, 필리핀, 태국 등 우리의 영향이 미치는 나라에 가서 그들을 북한선교를 하도록 할 수 있겠다.

⑤ 지하교회를 지상에 올라올 수 있도록 돕는 선교전략

장기적으로 북한도 중국처럼 삼자교회와 지하교회(가정교회)가 반목하며 싸우는 것이 아니라 서로 교제하며 더불어 사역하는 즉 "토마스 선교사가 순교한 대동강에서 남한의 성도·북한의 지상교

---

19) Early adopter라고 부른다. Definition of Innovation Theory에 의하면 2.7%가 Early adopter라고 한다. 북한의 경우 2.7%의 10% 즉 0.27% 약 2만 명에게라도 복음을 접근할 수 있는 방법은 없겠는가.

회 성도와 지하교회 성도가 더불어 세례와 성찬 경배와 찬양, 예배로 하나님 아버지께 영광 돌리는"회복의 때를 고대하며 준비하여야 한다.

고난 신학으로 표현할 수 있는 진실하고 순수한 북한 지하교회 성도들의 신앙을 우리는 배울 수 있을 것이다. 그리고 그 순수성을 유지하도록 도와야 할 것이다. 또한 지금까지 받은 고난이 저주가 아니라고 이야기해야 하고 그들이 핍박 가운데 입은 상처를 치유해 주는 선교전략이 필요하다.

⑥ 민족 복음화 차원의 전도에서 선교적 차원으로 접근하는 선교전략

지금까지 우리가 가졌던 고정관념인 북한과 우리 남한이 같은 문화권이라는 데에서 타문화권으로 인정을 하고 북한 사람들이 이해하기 쉬운 접근 방법을 취하는 것이 올바른 선교일 것이다. 그 한 예로 쉬운 성경과 전도지, 그리고 기독서적과 방송이 되어야 할 것이다. 최근 모퉁이돌선교회에서 발행한 새누리 신약성경이 북한사람들로 좋은 호응을 받는 것을 보면 자신들이 사용하는 언어로 된 성경을 읽을 수 있다는 것이다.

5) 북한선교전략에 고려되어야 할 문제점

① 제국주의적20) 선교방법이 아닌 섬김의 선교전략21)

---

20) 문화적 제국주의에 대해서는 최근 2007년 2월 발행 출판 된 『미션 익스포져』(Mission Exposure)를 참조할 것

21) Sherwood Lingenfelter 박사는 섬김의 선교를 incarnational 선교 방법이라 하였다

무익한 종(눅 17:10)으로 섬김의 모범을 보이신 예수님을 따라 군림하는 정복자의 모습이 아닌 그리스도의 편지(고후 3:3)와 군사요 하나님 나라의 백성으로 전진해야 한다. 물질적인 공급을 주로하고 있는 선교사들은 자신도 모르게 군림하는 자리에 설 때가 많이 있다. 북한인들의 필요를 제공하면서 성경공부도 가르치고 교회도 개척해야 하는데 그들을 섬김으로 선교사들의 모습을 보면서 세워지는 교회가 되도록 하여야 하겠다.

② 하나님의 나라만 전하여지면 그만이라는 선교전략

북한사역자들이 힘들어하는 것 중에 하나가 한국에서 온 선교사들이 주장하는 자기 교단, 자기 교회와 전적으로 일을 하자는 것이다. 선교는 하나님의 나라를 이루어가는 것이라면 '땅 따먹기식 선교'를 철저히 배제하여야 한다. 한기총을 통하여 각 지역에 있는 교회들을 지정하여 지원을 준비하고 있는 모습이 참 좋다고 생각한다. 그러나 모든 교회가 지정된 지역으로 선교를 가지 않고 평양과 같은 큰 도시로 몰려드는 편중된 선교의 모습이 될 것 같아 두렵다.

그리고 복음이 아닌 물질공세로 교세를 확장하려는 선교전략이 두렵다. 선교는 물고기를 주는 것이 아니라 물고기를 잡아먹을 수 있도록 교육을 시키는 것이라는 말이 있다. 물론 아무것도 없는 자가 물고기를 잡기 위해서는 낚싯대와 바늘 등등의 도구가 필요할 것이다.[22] 지속적 물질지원보다는 자생하게 할 수 있는 선교로 하나님의 나라를 이루어 가도록 선교전략을 가져야 한다.

---

22) 만일 당신이 배를 만들고 싶다면, 사람들에게 목재를 가져오게 하거나 일을 지시하고 일감을 나눠주는 일은 하지마라. 대신 그들에게 저 넓고 끝없는 바다에 대한 동경심을 키워주라. Saint -Exuperydml 말을 기억할 필요가 있다.

그래서 하나님의 나라가 선포되고 하나님의 영광이 북한 땅 방방 곳곳에 북한 전역에 나타나지기를 소망한다.

③ 배교의 문제를 감안한 선교

우리 한국교회나 북한교회에 큰 과제가 남아 있다. 화해와 용서의 선교전략이 필요하다. 가장 큰 문제는 배교문제를 어떻게 처리해야 하는 가이다.

로마제국 치하에서 기독교인들은 여러 차례 박해를 받았다. 그 가운데서도 특히 7차 박해와 10차 박해가 극심했다. 일제치하의 한국교회의 수난과 그 이후의 진행과정은 로마제국 치하에서, 특히 7차와 10차 대박해 동안에 기독교인들이 당한 수난의 모습과 그 이후의 진행과정과 흡사하다. 우상숭배와 황제숭배 강요와 거부라는 점, 국가가 그것을 강요했다는 점, 수많은 순교자가 생겼다는 점, 박해 후 교회분열의 갈등을 겪었다는 점 등은 서로 닮았다.[23] 교회분열과 갈등이 북한 땅에 재현되지 않도록 용서와 화해의 전략과 지혜가 요구된다.

5) 끝나면서 하고픈 말

북한선교가 예전과 같지 않다고 한다. 그 이유를 류 박사는 "가시적 성과가 없기 때문"이라고 하였다. 맞는 말이다. 더 하나 보탠다면 많은 사람들이 통일을 원하는 것처럼 말하고 있지만 실질적인 차원에서는 통일이 가져다 줄 경제적 타격이 두려운 나머지 통일을 원하지 않고 있다고 하여도 과언이 아닐 것이다. 하나님의 명령에 순종하여 나아가야지 통일을 가져오기 위한 수단이

---

23) 『한국교회 친일파 전통, 본문과 현장 사이』, 최덕성 저, 481~482pp.

나 도구로 인식하였기에 통일을 원하지 않는 차원에서 북한선교를 원하지 않고 있다고도 할 수 있을 것이다. 그러기에 통일을 위한 선교적 접근이라든지 북한을 변하게 하기 위한 선교는 위험하기 짝이 없다.

또 남한교회가 현재 북한선교를 위해 구제나 물질적 지원을 하고 있으나 류 교수도 제시했듯이 지하교회가 엄연히 북한에 존재하고 있는데 그들을 향한 선교적 지원이 없는 것이 안타깝다. 또한 지원이 있다고 하여도 무분별한 지원이다. 약을 보내는 기관에서 들은 이야기이다. 한국에서 사용하는 항생제는 4세대 5세대를 사용하고 있다고 한다. 그러나 북한은 아직도 1세대 또는 2세대의 항생제면 된다고 한다. 그런데 제약회사에서 자신들의 재고정리차원에서 4세대의 항생제를 북한에 지원을 하였다고 하자. 그러면 그 항생제를 사용하여 병을 고친 사람이 후에 병에 걸렸을 때 4세대 또는 5세대의 항생제를 사용하여야만 하는데 북한의 형편이 2세대의 항생제 정도만 구입할 수 있는 형편이라면 4세대의 항생제를 보낸 제약회사는 북한 주민을 돕는 일을 하였다라고 할 수 없을 것이다. 지금 북한에서 필요로 하는 지도자나 사역자 양성, 그리고 그들의 신앙수준에 맞는 성경공부가 필요하나 최근에 와서야 북한어로 된 신약이 나올 정도다. 과연 북한의 필요한 선교가 어떤 것인지를 연구하며 접근하여야 할 것이다.

북한의 정책도, 정치 구조도, 그리고 지도자들도 바뀌게 되어 있다. 어느 날 북한은 바뀌어진 모습으로 우리 한국교회에 다가오게 될 것이다. 김정일의 죽음은 그 변화를 가속화할 가능성이 높다. 그런데 우리의 준비가 없는 것이 안타깝다. 통일을 준비한다고 하지 말고 복음을 전하여 죽어가는 우리 형제들에게 소망과 빛을 보여 주는 선교가 되기를 바란다.

사회: 유석렬

이 총무님은 주제발표에 대한 논평보다는 이 회의 전체에 대한 종합 결론식으로 말씀해 주셨습니다. 이 총무님은 류 교수의 논문을 보고 북한선교의 정치학적 접근과 선교학적 접근이 다름을 새삼 느꼈다고 했습니다. 또한 지금까지의 한국교회의 북한선교전략과 전술에 대하여 6가지 항목에 걸쳐 소상히 설명하시고 김정일 이후 북한의 상황변화 그리고 김정일 사후의 선교전략에 대해서 구체적으로 언급하셨습니다.

발제자에 대해서는 특별히 답변을 주문하지는 않았으나 '하고픈 말'을 통해서 류 교수와는 좀 다른 의견을 제시하셨습니다. 류 교수님의 '가시적 성과가 없기 때문'이라는 말과 지하교회에 대한 지원이 없거나 무분별한 지원이 안타깝다고 지적하셨습니다. 이어 이 총무님은 북한에 필요한 선교와 화해 및 용서의 선교전략이 필요하다고 강조하셨습니다.

자, 그러면 이제 플로어를 오픈해서 질문을 받겠습니다.

6. 청중질문 및 답변

1) 청중질문

부천에서 온 김 선생

남북한 7천만이 기독교인이 되는 것이 우리의 관심입니다. 상대의 실체를 알아야 합니다. 공산주의의 사악한 마귀, 중국 패권주의 이론이 결합되어 상황을 악화시키고 있습니다. '지피'를 못하게 하는 것, 즉 북한의 실체를 파악하지 못하도록 하는 것이 그들의 전략입니다. 주사파의 교육은 "철저히 속이고, 파괴하고, 죽여라"라고 합니다.

'조선민주주의인민공화국'을 그대로 불러 주고 있는 거기가 왜 '민주주의'인가? 진화론, 창조론을 가지고 북한 주민에게 접근해야 합니다.

심주일

① 류성민 교수님께 질문

북한노동당의 종교정책의 양면성을 강조하였는데 그렇다면 진짜와 가짜는 무엇일까요?

② 김흥수 교수님께 질문

강영섭의 북한기독교의 전망에 대해서 어떻게 평가하십니까?

③ 한화룡 교수님께 질문

북한 주민들은 이미 북한노동당의 허위를 알고 있고, 남한이 잘 살고 있다는 것을 알고 있습니다. 북한 붕괴의 다른 방법은 없는지요?

양천교회에서 오신 분

류 교수님께. 통일을 위해서 기도하고 계십니까? 북한이 사회주의 체제가 지속된다는 전제하에서 논문을 쓰셨는데, 믿음 없이 기도하신 것이 아닙니까? 통일을 전제한 선교전략이 나와야 합니다. 수만 명 탈북동포들이 왔다는 것 자체가 하나님의 주권과 역사와 섭리 속에 있는 것입니다. 탈북민들을 통한 선교전략이 나와야 합니다. 북한은 사회주의가 아니라 종교집단입니다.

세계종교 10위로 북한의 '주체교'가 올랐다고 합니다. 2004년 통계에 의하면, 김일성 동상에 참배한 수가 1억 1천만 명으로 10만 명의 해외동포와 20만 명의 외국인들이 포함된다고 합니다.

조용하고 개인적 접근이 바람직하다고 하셨는데, 어떻게 할 수 있을까요? 국민일보에서 발간한 『북한에도 교회가 있나요?』에서는 문익환, 임수경이 북한의 변화를 일으켰다고 하는데 그것은 혼란을 일으키는 것입니다.

이주하

① 북한선교에 대한 다양한 관점이 교차하기 때문에 북한선교에 관심을 갖고 있는 성도들에게 혼란이 있는 것 같습니다. 인도주의적 선교, 조용한 선교, 명시적 사업 강조 등 북한선교를 위하여 이들의 조화가 중요하다고 생각합니다. 다양한 분야의 선교방향이 어떻게 조화롭게 일치될 수 있는지요?

② 지금 한국교회에서 새터민에 대한 사역이 굉장히 중요하다고 생각합니다. 미래의 북한선교를 위해 그들과 어떤 관계를 맺고 어떻게 돕고 배워야 할지 의견을 듣고 싶습니다.

2) 류성민 교수의 답변

오늘 세미나에 참석해서 굉장히 놀라운 사실 두 가지가 있습니다. 끝날 때까지 이렇게 많은 분들이 안 가고 있다는 것에 대해 놀라고 있으며, 또한 한 사람 발표에 네 사람이 토론하는 방식이

놀랍습니다. 질문이 많으므로 몇 가지로 정리해서 대답하겠습니다. 제가 북한종교를 공부하면 할수록 모르는 것이 많다는 생각이 듭니다. 최근에 와서는 넓고 포괄적인 것보다는 세부적으로 연구해야 할 필요성을 많이 느낍니다.

첫째로, 중국의 종교정책을 참조하는 문제에 대한 질문들에 대해 말씀드리겠습니다. 여러분들이 중국과 북한의 근본적 차이점에 대한 고려가 부족하다는 지적들을 해주셨습니다. 현재로서도, 앞으로도 북한과 중국이 같아질 가능성은 그렇게 많지 않을 것입니다. 제가 꼭 같기 때문에 중국을 참고한 것보다는 사회주의 체제 유지라는 정책기조에 대한 공통점들을 부각한 것입니다. 특히 김정일 체제가 사회주의 체제로 유지될 경우, 북한이 중국을 모델로 삼을 것을 충분히 예상할 수 있습니다. 어쨌든 양쪽이 다르지만, 공통점을 찾아서 선교에 좀 더 길항적으로 갈 수 있게 하기 위해서입니다. 그런 면에서 러시아 등의 국가를 통한 선교방법도 타당하다고 생각합니다. 그러나 별도로 심도 있게 다뤄야 할 것 같고, 이런 짧은 논문에서 다 다루기는 힘들다고 생각합니다.

둘째로, 김정일 이후 사회주의 존속 예상에 대한 질문들에 대해 말씀드리자면, 여러 가지 정치적 고려를 통해서 한 것입니다. 한 분이 저에게 통일을 위해서 얼마나 기도했냐고 물으셨는데, 통일에 대해 50년 동안 기도해왔습니다. 그러나 앞으로도 50년 더 기도해야 할지도 모릅니다. 우리가 준비가 갖춰졌을 때 우리의 기도를 들어 주실 것이라고 생각합니다. 앞으로도 계속 기도와 노력을 해야 합니다.

셋째로, 지하교회 통한 선교전략에 대해 선교전략적으로 깊이 고려해야 할 것이라고 생각합니다. 그러나 지하화한다고 다 순수한 것은 아닙니다. 이단화라든지 더 문제가 많을 수 있습니다. 하지만 지하교회가 지상교회의 부조리를 차단하는 영향력을 끼칠 수 있습니다. 지하교회를 통한 선교전략은 원론적 측면에서 이야기할 수 있으나 공론화하는 것은 오히려 선교의 장애가 될 수 있다고 생각합니다.

넷째로, 이반석 총무님의 실제적 방안들에 대해 매우 감사합니다. 북한사역자 중심의 선교전략, Early adopter 등등은 매우 좋은 생각이십니다.

다섯째로, 북한식 기독교, 주체적 기독교화 가능성에 대해서 말씀드리자면, 중국의 애국적 삼자 기독교와 마찬가지로 주체적 기독교화 할 것입니다. 그럴 경우에 '어떻게 북한의 기독교와 교류할 것인가?'에 대한 신학적 접근이 필요합니다. 김흥수 교수님 등 신학자의 기여가 필요합니다.

마지막으로, 북한선교전략은 장기적, 치밀한 접근이 필요하다는 것을 말씀드리고 싶습니다. 북한종교정책에 있어서의 양면성 모순은 그 자체로 인정해야 합니다. '종교의 자유를 인정한다는 것 가짜다. 반종교선전은 진짜다.' 이런 식으로 재단하면서 접근하는 것은 별로 좋지 않습니다. 미국에서조차 중국을 자유를 억압하는 매우 억압적 국가라고 이야기하지만 선교를 하려는 사람들은 이것이 현실 속에서 어떻게 나타나고 있는가를 살펴봐야 합니다.

3) 김흥수 교수의 답변

북한종교의 특징은 모호성입니다. 1990년대 후반 WCC 총무가 평양 방문 후 보고서에서도 '모호성'을 언급했습니다. 1997년 강영섭 위원장이 미국에서 한 '북한교회의 미래전망' 발언의 진의문제에 대해서, 당시 인도적 지원문제를 언급해야 하는 상황이었기에, "사회봉사선교활동을 전개하겠다."는 발언을 했습니다. 더 구체적으로 말하자면, "평양신학원과 평양에 있는 교회의 물질적 토대를 강화시켜서 사회봉사선교활동을 강화하겠다."고 했습니다. 진위 여부를 떠나 정치중심의 활동에서 그 방향으로 가게 될 것입니다. '북한이 전도활동을 허용할 경우, 영적 차원으로 이루어지지 않을까?'라고 전망하고 있습니다.

4) 한화룡 교수의 답변

김정일 정권이 현존하는 시점과 이후의 상황은 다를 것이라고 생각합니다. 김정일 정권 이후에는 유동적일 것입니다. 북한 주민들이 남조선이 잘 살고 있다는 것을 알고 있다고 하는데 얼마나 알고 있는지 의문입니다. 눈으로 본 것이 아니기 때문에 북한 주민들이 얼마나 알고 있는지에 대해 이견이 있습니다.

공산권 몇 나라를 비교하자면 베트남의 도이모이의 경우, 통일된 상황에서 개혁개방정책을 전개했고, 중국은 대만과 지리적으로 떨어져 있었기에, 대만과 상관없이 개혁개방 추진이 가능했지만, 북한은 상황이 다릅니다. 남한과 너무 가까이 있고, 남한이 너무 잘 삽니다.

남한의 존재 때문에 북한이 개방하기 힘든 것입니다. 김정일 정권 이후에 과도기적 혼란을 거친 다음에 북한 체제가 폭발할 가능성이 많습니다. 북한 주민들 자체가 남한이 주도하는 통일을 원할 것입니다. 남한이 원하건 아니던 흡수통일로 갈 가능성이 높습니다.

7. 유석렬: 마무리 멘트

벌써 마무리할 시간이 돌아왔습니다. 우리 모두에게 관심 있는 주제이니 만큼 오늘 저녁 늦게까지 계속해도 끝없는 토론이 이어질 것 같습니다. 이 세미나가 끝난 이후에도 지속적인 관심을 가지시고 함께 문제를 풀어나간다는 자세를 가졌으면 좋겠습니다.

'김정일 이후의 북한, 그리고 북한선교', 우리 모든 기독교인들이 관심을 가지고 적극 추진해야 할 사역입니다. 지혜 있는 사람은 지혜로, 힘 있는 사람은 팔다리로, 돈 있는 사람은 돈으로 북한선교에 나설 때입니다.

사도 바울은 자신의 민족 이스라엘이 구원을 얻는다면 "내 자신이 저주를 받아 그리스도에게서 끊어질지라도 원하는 바로라"(롬 9:3)는 기도를 했듯이 그러한 기도가 우리에게도 있어야 할 것입니다.

오늘의 세미나는 어느 때보다도 훌륭하고 큰 성과를 거두었습니다. 주제를 발표해 주신 유호열 교수님과 류성민 교수님께 특별한 감사를 드리고 열띤 토론을 이끌어 주신 7분의 토론자, 그리고 참석하신 여러분들에게 심심한 감사를 드립니다.

부록

1. 세미나 일정

2. 관련 언론보도

크리스천투데이(2007.3.13)

국민일보(2007.3.18)

미래한국신문(2007.3.24)

3. 모퉁이돌선교회 사역소개

1. 행사 일정

주제 : 김정일 이후의 북한선교
일시 : 3월 17일(토) 2:00-6:00
장소 : 숭실대학교 한경직 기념관 1층 숭덕 김덕윤 예배실

13:30 - 14:00 등록 및 접수
14:00 - 14:10 개회
14:10 - 15:40 제 1회의

제 1 회의
김정일 이후의 북한
사   회 : **유석렬** 모퉁이돌선교회 이사장
주제발표 : **유호열** 고려대 북한학과 교수

토   론 : **김병로** 서울대 통일연구소 연구교수

이교덕 통일연구원 연구교수
최 강 외교안보연구원 부교수

15:40 - 16:00 Tea Break
16:00 - 18:00 제 2회의

제 2 회의
북한종교정책의 변화 전망과 김정일 이후의 북한선교
사   회 : **유석렬**
주제발표 : **유성민** 한신대 종교문화학과 교수

토   론 : **김흥수** 목원대학 신학대학 교수
         신경규 고신대학 선교대학원 교수
         이반석 모퉁이돌선교회 국제총무
         한화룡 백석대 기독신학대학원 교수

2. 모퉁이돌선교회 세미나 관련 언론 보도

김정일 이후 북한선교는 어떻게 변화될까?
"오는 17일 숭실대서 모퉁이돌 선교회 주최 세미나 열려"

김정일 정권 이후, 북한종교정책과 북한선교는 어떻게 변화될까? 인도적 지원과 교회 건축, 성경 보급 등으로 간접적 북한선교를 해 온 한국교회들엔 민감한 주제가 아닐 수 없다.

오는 17일 모퉁이돌선교회가 '김정일 이후 북한선교'를 주제로 세미나를 연다. 오후 1시 30분 숭실대 한경직 기념관에서 열리는 이날 세미나에서는 유호열 교수(고려대 북한학과)와 류성민 교수(한신대 종교문화학과)가 각각 '김정일 이후의 북한', '북한종교정책의 변화 전망과 김정일 이후의 북한선교'라는 주제로 발제하고, 김병로, 이교덕, 최강, 김흥수, 신경규, 한화룡 교수 등 쟁쟁한 북한 전문가들이 토론자로 나선다.

류성민 교수는 김정일 정권 이후 북한의 종교정책이 중국과 유사한 노선을 걷게 될 것이라고 전제하고 있으며, ▲경제적 지원을 조건으로 한 종교교류 ▲문화예술 분야 등 다양한 매체 활용 ▲중국선교 전략의 북한선교 전략화 ▲지하교회를 중심으로 한 선교 등 북한선교의 다양한 가능성을 열어놓고 있다.

그는 "북한선교나 중국선교 등 사회주의 국가들에 대한 선교는 전혀 다른 시각과 방법에서 시도될 필요가 있다"고 주장한다. 동남아시아나 아프리카 선교에 비해 중국이나 북한 같은 사회주의 국가에서는 가시적인 성과를 기대하기 어렵기 때문이다.

그는 또 "사회주의 국가에서의 선교는 원천적으로 선교가 허용되지 않는 지역에서의 선교이며, 위험과 시련을 겪어야 하는 선교라는 인식이 필요하다"며 "선교의 씨를 뿌리는 것은 선교사이지만 기르고 거두시는 분은 하나님이라는 믿음의 확신이 필요한 선교가 북한선교이며 중국선교"라고 말한다.

특히 "북한선교를 함에 있어서 보다 장기적이고 단계적인 선교전략이 필요하다"며 "섣부른 전략으로 그나마 할 수 있는 선교마저 못하게 되는 우를 범할 수 있다는 점을 명심해야 한다."고 그는 강조한다.

(2007-03-13 16:13)
〈크리스천 투데이〉 박종배 기자 jbpark@chtoday.co.kr

北선교, 경제난·中종교정책 살펴야…
모퉁이돌선교회 '김정일 이후 북한' 세미나

북한의 경제 상황과 중국정부의 종교정책이 향후 북한선교 향방을 가르는 주요 변수가 될 것이라는 전망이 나왔다. 모퉁이돌선교회가 17일 서울 상도동 숭실대 한경직 기념관에서 개최한 세미나에서는 '김정일 체제 이후'의 북한선교에 대한 방안이 모색됐다.

류성민 (한신대 종교문화학과) 교수는 "북한의 경제난은 남한을 비롯한 외부 지원 없이 해결되기 힘들다"면서 "종교계가 그 역할을 상당 부분 담당하고 있는 시점에서 북한으로서는 종교 문제를 고려할 수밖에 없을 것"이라고 내다봤다. 다시 말해 남한의 기독 NGO들을 비롯한 교계의 인도적 대북 지원이 꾸준히 이어지는 상황에서 기독교를 비롯한 종교에 대한 배려와 유연성이 점차 강조될 수밖에 없다는 의미다.

현 김정일 정권 체제에서도 정치적 목적보다는 경제적 실리에 초점을 둔 북측의 조선그리스도교연맹과 남한의 교계 단체들 간 교류가 활발하다.

류 교수는 또 "북한의 종교정책 상당부분이 중국을 답습하는 양상을 보여 왔고, 북한이 사회주의 체제를 유지하는 한 이 같은 기조는 이어질 것"이라며 중국의 종교정책에 대한 연구가 필요하다고 강조했다. 최근 지하교회와 함께 기독교인이 급증하고 있는 중국의 경우, 종교의 자유라는 명목적 선언과 함께 국가 차원에서의 법·제도적 종교 관리, 국가 주도의 종교 연구를 강화하는 추세다.

북한정권의 체제 변화에 따른 남한교회의 선교적 과제도 제시됐다. 김흥수 목원대 교수는 "주체사상이 김정일 체제 이후에도 존속된다면 종교 영역에서도 영향을 미칠 가능성이 높다"면서 "한국교회가 주체사상을 탈피한 기독교 본연의 정체성을 제대로 전하지 못한다면 북한 교회와 성도들은 파산되는 것이나 마찬가지"라고 경고했다.

모퉁이돌선교회 국제총무인 이반석 목사는 남한 교단 및 교회의 '땅 따먹기식 북한선교'를 우려했다. 저마다 선교 대상지역을 평양 등 대도시 지역에 집중하면서 선교 편중 현상이 나타날 수 있다는 것이다. 이 목사는 또 복음보다는 물질 공세로 교세를 확장하려는 선교 전략도 경계 대상이라고 지적했다.

이밖에 "북한선교는 장기적·단계적 접근을 통한 드러나지 않는 '조용한 선교'를 지향해야 한다.", "경제적 지원뿐 아니라 문화·예술 분야와의 교류를 통한 선교의 다각화가 필요하다"는 제안도 있었다.

(2007. 03. 18 18:10)

〈국민일보〉 박재찬 기자 jeep@kmib.co.kr

"북한선교 세미나 여전히 대북지원 강조"

'인도적 차원으로 조건 없이 돕자' 발언, 현지인 중심의 북한선교 전략이 중요

지난 17일 숭실대 한경직기념관에서는 모퉁이돌선교회 주최, '김정일 이후의 북한선교' 세미나가 열려 북한선교방법을 제고하는 시간을 가졌다.

모퉁이돌 선교회 유석렬 이사장은 "그동안 '평양에서 예루살렘'이라는 선교 목표를 설정, 북한을 비롯한 중국, 예루살렘까지 선교를 해왔다. 특별히 북한선교에 대한 방향을 모색하려는 것"이라고 개최 목적을 밝혔다.

이날 토론자로 나선 서울대 통일연구소 김병로 연구교수는 "북한붕괴로 인한 부정적 요인이 더 많이 북한을 우리 쪽으로 끌어

들여 남북통일을 이뤄나갈 것"이라고 말했다. 이어서 "타 지역 국가의 경우, 지원물품이 수혜자의 40% 정도에게 들어간다. 북한보다 시스템이 안 좋은 나라들이다. 위와 같은 사례를 본다면 북한은 40% 이상의 수혜자에게 지원물품이 들어갔을 것"이라고 주장했다.

또 한신대 류성민 교수는 "인도주의 차원으로 조건 없이 북한을 도와줘야 한다. 현지인을 통한 간접적 선교가 중요하며 남한교회는 후원한다는 마음으로 현지인을 후원해야 할 것"이라고 주장했다. 대북지원이 김정일 정권을 존속시키고 군사력을 강화시키는 것이 아니냐는 지적에 대해 "체제 자체의 갈등이 심각해서 경제난으로 인한 체제붕괴보다 자체적 모순과 권력투쟁이 큰 원인을 제공해 붕괴할 것이다. 대북지원이 김정일 정권 존속에 영향 못 미칠 것"으로 발언해 논란이 예상된다.

한편, 모퉁이돌선교회 이반석 국제총무는 "한국교회가 지하교회를 멀리하고 조선기독교연맹과 봉수교회와의 교류를 추진했다. 또한 구제 위주의 선교만 해왔다"고 밝히고 북한선교에 있어서 현지인을 통한 북한복음화 전략을 제시했다.

(2007. 3. 24)
〈미래한국신문〉 김정화 기자 juliatv@naver.com

모퉁이돌선교회 사역 소개

한국

주소: 영동우체국 사서함 8호

전화: (02) 796-8846

팩스: (02) 792-7567

e-mail: main@cornerstone.or.kr

web-site: http//www.cornerstone.or.kr

국제 모퉁이돌선교회(CORNERSTONE MINISTRIES INT'L)

ADD: P.O.BOX 4002

      Tustin, CA 92781

Phone : 714-569-0042

FAX : 714-569-0043

e-mail: info@cornerstoneusa.org

대표선교사: 이삭 목사

실무책임자 이반석 목사

　모퉁이돌선교회는 하나님의 명령에 따라 1985년 10월에 이삭 목사에 의해서 북한을 비롯한 복음이 제한받는 북방지역의 복음화를 목적으로 성경배달을 중심으로 사역이 시작되어 신학교 배달, 선교사 배달, 교회 배달, 특수 배달 등 말씀을 배달하는 전문 선교기관 역할을 담당해 오고 있습니다. 또한 '평양에서 이스라엘까지' 서진을 따라 사역을 담당하는 데까지 발전해 오고 있습니다.

Mission : mobilizing the (Korean) churches to restore the Kingdom of God.

Vision : "평양에서 예루살렘까지"

전략 : 하나님의 잃은 양을 찾아 위로하고 예수 그리스도의 제자 삼아 성령님과 더불어 사역합니다.

선교방법 : 하나님의 말씀을 배달(성경배달, 신학교배달, 선교사배달, 교회배달, 특수배달)

사역

1. 성경배달

　북한과 중국 등 북방지역엔 아직도 성경이 없어 애타게 기다리는 성도들이 많습니다. 모퉁이돌선교회는 이들이 간절히 기다리는 다양한 크기의 한글성경을 직접 인쇄하고, 중국성경을 배달하는 일을 지금도 활발하게 감당하고 있습니다. 복음이 제한받는 지역에 한 권의 성경을 배달하는 것은 한 명의 선교사를 보내는 것입니다.

모퉁이돌이 배달하는 성경배달에 여러분도 참여하실 수 있습니다.

여느 때보다도 기독교인들에 대한 극심한 처형이 실시되는 지라, 북한으로의 성경배달에는 늘 위험부담이 도사리고 있었다. 더군다나 북한으로 성경을 나르던 연로하신 두 분의 성도는 건강이 좋지 않았다.

그런데 그 중 한 분이 북한에서 어렵게 다시 밖으로 나왔다는 전갈을 받게 되었다. 최근에 그 분들이 기적같이 건강이 회복되어 성경배달이 잘 이루어졌다는 소식을 듣게 되었다. 그 소식을 듣게된 일꾼은 단숨에 달려가 그 연로하신 성도를 만났다. 만나자마자 그 분은 다급히 "책은?"하며 물었다.

"뭐요?"

"책!"

일꾼은 그 분이 무슨 질문을 하는지 몰라 "북한이 어렵지요?"라고 되물었다. 그 분은 계속 말했습니다.

"책이 필요해, 책이 필요하다구."

그 후 일꾼은 북한성도에게 성경을 보내드렸습니다.

2. 신학교배달

성경배달을 하면서 현지의 필요에 의해서 은밀한 중에 지도자 양성을 감당해오던 것을, 이제 보다 전문적인 성서교육 중심의 신학교배달 사역을 진행하고 있습니다.

어두움이 짙게 깔리고 여러 명의 사람들이 콘크리트 계단을 조용조용히 올라가고 있었습니다. 갑자기 문이 열리고 인기척이 흘러나왔습니다. 이 방안에는 80여 명의 중년 남녀들이 작은 걸상에 쪼그리고 앉아 머리를 숙이고 눈을 지그시 감고 자그마한 목소리로 기도를 드리고 있었습니다. 그들은 누빈 솜옷을 입고 있는 농부의 모습이었고 두 손 모아 용서를 빌고 있었으며, 보다 나은 삶을 위하여, 그리고 박해로부터 보호해 주시기를 위하여 간절히 기도하고 있었습니다. 그들의 기도소리는 마치 멀리서 들려오는 작은 천둥소리와 같았습니다.

현지 신학교배달의 모습이다.

3. 전도지배달

1) 바람의 방향을 이용해서 보내는 풍선전도지

바람의 방향이 북으로 부는 4월에서 9월까지 마가복음이 새겨진 주황색의 풍선에 헬륨가스를 넣어 북으로 날려 보내는 일은 주로 휴전선 부근에 가서 밤중에 진행됩니다.

2) 바다에 띄우는 전도지 배달

해당 선교지역이 아닌 외부에서 사역하는 방법으로 특수하게 인쇄된 전도지를 물의 흐름을 이용하여 북한에 발송하는 간접선교 사역으로 국내와 국외에서 동시에 진행되고 있습니다.

4. 선교훈련

1) 모퉁이돌선교학교: 1년에 2회(여름 7월중, 겨울 1-2월중)에 걸쳐 3박 4일간 숙박프로그램으로 실시됩니다. 주요 참가 대상자는 선교 관심자들로 북방선교에 관한 전반적인 훈련을 통해 선교에 대한 도전과 정체성을 확인하고 선교사로 헌신케 하는 데까지 가게 하기 위한 프로그램으로 운영됩니다.

2) 북한선교학교: 1년에 2회(매주 화요일마다 12주간) 실시되며 본회 선교학교 수료한 사람들과 북한선교에 관심자, 헌신자들을 대상으로 북한의 다양한 분야와 북한선교에 관한 보다 깊은 교육을 실시합니다.

3) 선교영성학교: 1년에 2회(매주 목요일마다 12주간) 실시되며 본회 선교학교를 수료한 사람을 대상으로 선교사로서 갖추어야 할 깊은 영성훈련을 실시합니다.

4) 선교비전학교: 1년에 2회(매주 월요일마다 12주간) 실시되며 본회 선교학교를 수료한 사람을 대상으로 하여 선교사가 되기 위한 첫 단계의 훈련으로 실시합니다.

5) 단기선교인도자학교: 복음이 제한받는 지역의 단기선교를 위해서 단기선교 인도자들을 대상으로 6~7월 중에 4주간 실시합니다.

5. 서진선교

모퉁이돌선교회의 서진선교는 '평양에서 예루살렘까지'를 의미하는 말입니다. 중국을 눈여겨보면 16개 나라 국경을 마주하고 있습니다. 이 나라들과 그 다음으로 중앙아시아와 중동아시아를 넘어 이스라엘까지 포함되는 것이 모퉁이돌선교회가 말하는 서진선교입니다.

특별히 서진선교의 중요한 길목마다에는 강력한 모슬렘의 세력이 강력한 영적 전선을 구축하고 있습니다. 이 영적 전선을 넘어갈 사람들은 핍박 가운데 믿음을 지켜 온 중국의 55개의 소수민족과 한족 성도들로 감당케 하는 것입니다. 이들을 통하여 55개의 소수민족들을 대상으로 복음을 전해서 그들로 하여금 국경선을 이루고 있는 나라로 가서 복음을 전하게 하도록 하는 전략입니다.

6. 북방성도 후원

1) 북한이탈주민의 지원사역
2) 북방성도 구제사역
  - 북한의 순교자 가정돕기사역
  - 중국 및 방한 중국교포들에게 복음을 전하는데 필요한 보조자료 공급
  - 북한, 중국에 의료사역 지원
3) 순회전도인 후원사역

북방에서 헌신된 전도인들은 넓은 지역을 다니며 복음을 전하고 있습니다. 어려운 환경 가운데서 복음을 전하는 이들은 가족 심지어 자식들도 돌아볼 수 없는 어려운 형편에서 목숨을 걸고 복음을 전하고 있다. 그리하여 어려움 당하는 순회전도인의 사역 지원과 더불어 가족들을 지원하고 있습니다.

사역동참 방법

☆ 기도로 동참하실 수 있습니다.
☆ 헌금으로 동참하실 수 있습니다.
  (지로번호:7523399,   예금주:모퉁이돌)
  국민은행: 809-01-0047-431
  하나은행: 26901-3329208
☆ 자원봉사로 동참하실 수 있습니다.
☆ 작은 모퉁이돌모임으로 동참하실 수 있습니다.
☆ 중보기도로 동참하실 수 있습니다.
☆ 다음과 같은 소식지를 받아 보실 수 있습니다.
  〈카타콤〉, 〈정세와 선교〉, 〈어린이 카타콤〉, 〈동역자 편지〉

모투이돌선교회를 위한 중보기도 제목

1. 하나님께서 본회의 주인이십니다. 맡겨 주신 일들을 감당함에 있어서 하나님의 마음과 뜻으로 감당케 하시고 온전히 순종함으로 나아가게 하소서!

2. 하나님만 의지하는 전적인 믿음으로 행하게 하소서!

3. 하나님께서 본회에 맡겨 주신 '평양에서 예루살렘까지' 취해야 할 땅들을 담대함으로 취하게 하소서!